DE L'ADOPTION

EN

DROIT ROMAIN ET EN DROIT FRANÇAIS

PAR

ÉMILE GUICHENNÉ

Avocat à la Cour d'Appel de Pau.

THÈSE DE DOCTORAT.

PAU,
IMPRIMERIE DE E. VIGNANCOUR.
1871.

©

FACULTÉ DE DROIT DE TOULOUSE.

THÈSE

POUR LE DOCTORAT

DE L'ADOPTION

EN DROIT ROMAIN ET EN DROIT FRANÇAIS

PAR

GUICHENNÉ (Jean-Marie-Emile).

PAU,
IMPRIMERIE DE É. VIGNANCOUR.

1871.

A LA MÉMOIRE

D'UN

Père et d'un Frère bien-aimés.

A mes Parents,

A mes Amis.

ERRATA.

Page 8, ligne 15, au lieu de : *Tabula Quinta*, lisez *Tabula Quarta*.
— 24, note (1) in fine, au lieu de : II, 12, princip. lisez II, 12, princip. Instit.
— 26, ligne 27, au lieu de : *adrogait* lisez *adrogeait*.
— 43, — 8, au lieu de : *aubir* lisez *subir*.
— 45, — 9, au lieu de : *instité* lisez *institué*.
— 49, note (1), au lieu de : 7 § 7 lisez 3 § 7.
— 54, ligne 20, lisez : *Publicum jus in sacris, in sacerdotibus, in magistratibus consisit.*
— 62, — 8, lisez : *Aulu-Gelle*.
— 65, — 7, lisez : *Bon. poss. secund. tab.*
— 68, — 22 et 24, au lieu de : *addition* lisez *adition*.
— 82, — 1, lisez : *le bien ou le mal fondé.*
— 92, — 15, lisez : *loi 51 § 1. Dig. de legatis 2°.*
— 101, — 20, lisez : *dans le dernier état du droit Romain.*
— 108, — 7, lisez : *sont déclarés.*
— 118, — avant dernière, lisez : *libéralité.*
— 157, — 19, lisez : *dernier.*
— 160, — 6, lisez : *donation.*
— 168, — 12, lisez : *qu'il faudrait.*

DE L'ADOPTION.

INTRODUCTION.

L'adoption est un acte solennel qui crée des rapports fictifs de paternité et de filiation. L'adoption est par conséquent intimement liée à la constitution de la famille, et les diverses modifications par lesquelles a passé l'adoption se ressentent des modifications opérées dans l'organisation de la famille.

Lorsque la religion jouait un grand rôle dans l'organisation de la famille, lorsque chaque famille avait ses divinités, ses rites et ses sacrifices, lorsqu'à côté du culte public existait un culte privé dont le père était le pontife, l'adoption devait tout naturellement se ressentir de cet état de choses, et des cérémonies religieuses devaient consacrer cet acte solennel. C'est ainsi que chez les Hindous à Athènes et à Rome l'adoption nécessitait une cérémonie religieuse (1).

Plus tard, au polythéisme succéda la notion d'un Dieu unique, le culte privé, les sacrifices domestiques cessèrent d'exister, la constitution de la famille se modifia donc et avec

---

(1) Fustel de Coulanges, cité Antique, pp. 60 et 61.

elle l'adoption qui devint une institution purement civile et politique.

L'adoption a été vivement critiquée, et ce n'est pas sans des discussions vives, ardentes et passionnées qu'elle a passé dans notre code.

Cependant une institution aussi universellement répandue, une institution qui se trouve à l'origine de tous les peuples ne semble pas être si contraire à la nature.

L'adoption était pratiquée dans les temps les plus reculés; nous en trouvons des exemples dans les Livres Saints.

La fille de Pharaon recueillit sur les flots un jeune enfant Juif, l'adopta et lui donna le nom de Moïse : « Quem illa » adoptavit in locum filii, vocavitque nomen ejus Moyses. » Exode c. 2, v. 10; et Mardochée adopta Esther : « Mardo- » chœus sibi adoptavit eam in filiam. » Esther c. 2, v. 7.

« Celui à qui la nature n'a pas donné de fils, peut en » adopter un, pour que les cérémonies funèbres ne cessent » pas. » Ainsi parle le vieux législateur des Hindous (1).

L'adoption était connue à Athènes. « Si quem orbus, rerum » dominus, adoptaverit, ea adoptio rata sit. » Traduction des lois de Solon par Samuel le Petit (2). Du temps de Cicéron elle était encore pratiquée en Grèce, car Cicéron nous enseigne qu'un de ses clients exilé, et devenu citoyen de Patras fit une adoption d'après les lois de cette ville (3).

L'adoption occupait une place très-importante dans les lois Romaines.

Au Moyen-Age, elle tomba en désuétude.

Enfin, après une vive résistance, l'adoption a repris sa place dans nos lois.

Je me propose d'étudier : 1° ce que fut l'adoption à Rome; 2° ce qu'elle fut dans notre ancien droit et dans le droit intermédiaire; 3° ce qu'elle est dans notre code.

(1) Fustel de Coulanges, cité Antique, p. 60.
(2) Voyez aussi Fustel de Coulanges, *loc. cit.*
(3) *Ad Servium Epist. ad famil.*, XIII, 19. Collect. Nizard, 495.

D'ailleurs comme le fait remarquer M. Demolombe. « L'étude de la tradition historique n'offre ici qu'un médiocre intérêt pour l'interprétation de notre droit civil ; l'adoption en effet chez les anciens peuples était une institution de droit public ; et dans les pays mêmes où elle paraissait avoir le caractère d'un contrat de droit privé, elle a toujours subi plus qu'aucune partie de ce droit l'influence des principes sur lesquels repose la constitution politique de l'Etat. » (1)

(1) Adoption, n° 2.

PREMIÈRE PARTIE.

DROIT ROMAIN.

GÉNÉRALITÉS.

L'adoption est un moyen de créer la puissance paternelle. En cela elle se rapproche des justes noces et de la légitimation. Des différences existent toutefois entre ces divers modes de constitution de la puissance paternelle. Les justes noces créent à la fois la cognation et l'agnation ; les divers modes de légitimation ajoutent l'agnation et la légitimité à un lien de parenté naturelle déjà existant. L'adoption au contraire crée en règle générale, des liens d'agnation indépendamment de toute cognation prééxistante.

La puissance paternelle avait à Rome une organisation toute spéciale. Elle donnait à l'origine du moins un droit de vie et de mort sur les personnes qui y étaient soumises ; elle n'existait pas comme chez nous dans l'intérêt de l'enfant, l'intérêt du père était seul considéré ; aussi durait-elle toujours avec la même rigueur quelque fut l'âge de la personne qui y était soumise.

La puissance paternelle ne pouvait être exercée par une femme. Toutes ces règles se trouvent à l'origine de Rome; certaines toutefois subirent des modifications.

L'adoption était fort en honneur à Rome, « elle formait l'un des principaux ressorts de ce puissant mécanisme qu'on appelait la famille (1). »

Elle trouvait un puissant point d'appui dans la Constitution politique et religieuse du pays.

« Les familles Romaines, dit Denizart, avaient chacune leurs sacrifices qui leur étaient propres, des foyers qu'elles honoraient d'un culte religieux, des autels domestiques. La loi des Douze Tables ordonnait la perpétuité de ce culte religieux dans chaque famille. L'on prenait toutes sortes de voies pour le conserver, et si la nature refusait des enfants, on en prenait, en quelque sorte de la loi civile. On tenta aussi par cette même voie ou de se soustraire aux peines prononcées contre les citoyens qui n'avaient pas d'enfants, ou de participer aux récompenses accordées à ceux qui en avaient un grand nombre (2). »

Les Romains tenaient essentiellement à ce culte domestique ; le fils remplissait une fonction dans ces cérémonies religieuses ; sa présence même à certains jours était tellement nécessaire que le citoyen qui n'avait pas de fils était forcé d'en adopter un fictivement pour ces jours là, afin que les rites fussent accomplis (3).

L'adoption jouait aussi un rôle politique. Elle permettait l'accès de certaines fonctions publiques aux citoyens que la distinction des castes en eut éloignés autrement

---

(1) Demolombe. Adoption, n° 2.
(2) Denizart. Adoption, § 2, 1°.
(3) Denys d'Halicarnasse antiq. Roman. — Fustel de Coulanges, p. 119.

C'est ainsi que, du temps de Cicéron, le patricien Clodius se fit adopter par un plébéien pour devenir tribun du peuple. Sous l'Empire l'adoption permit aux Empereurs qui n'avaient pas d'enfants d'assurer l'hérédité impériale en transmettant la couronne aux personnes que les princes choisissaient.

On le voit donc, l'adoption a joué dans l'Histoire Romaine un rôle fort important. C'est ainsi notamment que sous la République Paul Emile fut adopté par Scipion et Octave par César. L'Empire lui dut ses plus beaux jours. Trajan ne fut-il pas adopté par Nerva, et Justinien par Justin ? par contre, elle fut la cause des cruautés de Tibère et de Néron.

Nous empruntons la division de notre travail sur le Droit Romain à un fragment du livre 2 des règles de Modestin, relaté au Digeste loi 1 de Adoptionibus. « On
» est fils de famille non seulement par la nature mais
» aussi par l'adoption. — § 1 — Ce terme d'adoption est
» général. On divise l'adoption en deux espèces ; l'une
» conserve le nom d'adoption, l'autre s'appelle adrogation.
» La première convient aux fils de famille qui sont adoptés,
» la seconde aux pères de famille qui sont adrogés. »

Ces deux adoptions ont de nombreux points de ressemblance, mais elles ont aussi des points de différence ; pour les analyser plus commodément, j'étudierai dans un Titre Premier l'Adoption proprement dite, et dans un Titre Second l'Adrogation.

TITRE PREMIER.

Adoption proprement dite.

L'adoption proprement dite est un acte solemnel par lequel une personne *alieni juris* passe de la puissance paternelle de son *pater familias* sous la puissance de celui qui l'adopte.

Cette adoption produit à l'origine du droit un double effet : elle déssaisit de la puissance paternelle le père qui donne en adoption, pour en investir celui qui adopte. Justinien apporta des modifications profondes aux effets de l'adoption ; ces modifications trouveront leur place dans le courant de cette étude.

CHAPITRE PREMIER.
Formes de l'Adoption.

D'après les principes du Droit Romain il n'y avait aucun moyen de faire sortir un fils de famille de la puissance de son père de famille pour le faire entrer sous la puissance et dans la famille de l'adoptant (1). Les jurisconsultes eurent alors recours au moyen de tout concilier, à une fiction. D'après un texte de la loi des Douze Tables *(Tabula Quinta)*, le père qui avait mancipé trois fois son fils perdait définitivement la puissance paternelle. « *Si pater filium ter venum duit, filius a patre liber esto.* » La loi des Douze Tables ne parlant que du fils, on en avait conclu qu'une seule mancipation suffisait pour faire perdre la puissance sur une fille ou sur un petit enfant (2).

Voici dès-lors comment on opérait.

---

(1) J'ai à faire une observation fort importante. Dans le cours de ce travail sur le Droit Romain, les mots : *père naturel*, *fils naturel*, *famille naturelle*, reviendront souvent. Il ne faudra pas les prendre dans leur sens vulgaire, dans leur acception ordinaire. Opposés aux mots *fils adoptifs*, les mots *fils naturels (liberi naturales)*, signifient les fils nés de justes noces *ex justis nuptiis*; la même signification doit être donnée aux mots *père naturel*, *famille naturelle*. J'aurais à la fin de ce travail sur le Droit Romain, l'occasion de parler des enfants nés *ex concubina* qui sont vulgairement appelés enfants naturels, je le ferai remarquer afin d'éviter toute confusion.

(2) *Ulpiani Regulæ*, X, § 1.

Le père de famille, Primus, mancipe son fils Secundus à Titius qui peut être soit l'adoptant, soit un tiers. Secundus tombe sous le mancipium de Titius. Titius affranchit Secundus qui ne devient pas pour cela *sui juris*, mais qui retombe nécessairement sous la puissance de Primus, car nous savons que trois ventes sont nécessaires pour opérer l'extinction de la puissance paternelle.

De nouveau Primus mancipe Secundus qui retombe *in mancipio Titii*, Titius affranchit Secundus qui retombe encore sous la puissance paternelle de Primus.

Pour la troisième fois Primus mancipe Secundus qui retombe *in mancipio Titii*; mais comme le père a mancipé trois fois son fils, la puissance paternelle est éteinte. Voilà donc la puissance paternelle éteinte, il s'agit de la faire naître chez l'adoptant.

Pour cela Titius au lieu d'affranchir Secundus, ce qui le rendrait *sui juris*, le remancipe à Primus. La puissance du père est éteinte, elle est remplacée par le *mancipium*. C'est dans cette situation que les parties intéressées se rendent devant le magistrat, et là s'engage un débat, dont la solution sera l'investiture, au profit de l'adoptant, de la puissance paternelle. L'adoptant revendique l'enfant comme son fils; le père reconnaît la prétention ou se tait, et le magistrat déclare alors que la demande est bien fondée. Gaius au § 134, I, résume en peu de mots toute cette procédure [1]. Justinien y fait allusion en disant : « *imaginariæ venditiones et intercedentes manumissiones* ». (§ 6, Inst. 12, I.)

Nous l'avons dit une seule mancipation suffisait lorsqu'il s'agissait d'une fille ou d'un petit enfant. La procédure sera donc plus simple que précédemment. Primus mancipe

---

[1] Aulu-Gelle, Nuits attiques, V. 19.

sa fille ou son petit enfant à Titius, la puissance paternelle est dissoute; Titius remancipe la fille ou le petit-enfant à Primus, et alors intervient la revendication qui fera naître au profit de l'adoptant la *patria potestas.*

Gaïus dans son § 134 indiquait un second mode d'adoption. Malheureusement pour la science, une lacune existe dans le manuscrit retrouvé en 1816 par Niebuhr; mais d'ailleurs Gaïus nous dit que le premier mode était préférable, « *sed sanè commodius est patri remancipari.*

Ce système de procéder, bien que très en usage à Rome, était cependant singulier et illogique. En effet, quel but se proposait-on par les trois mancipations? L'extinction de la puissance paternelle. Que recherchait-on par le procès fictif? La revendication de la puissance paternelle. Il arrivait donc que l'adoptant revendiquait une puissance paternelle qui était complètement dissoute, qui n'existait plus!

Le magistrat devant lequel avait lieu la revendication devait être nécessairement un magistrat qui eut été compétent pour connaître des actions de la loi (1). Le système des actions de la loi était d'une rigueur excessive, aussi commença-t-il à disparaître dès le 5ᵉ siècle de la fondation de Rome lors de la création du *prætor peregrinus*; et à la fin du 6ᵐᵉ siècle U. C., une loi Œbutia les supprima.

Cependant dans une Constitution de Gordien nous voyons encore que l'adoption doit être faite devant le magistrat « *apud quem plenà legis actio est* » (2). C'est que malgré la généralité des termes de la loi Œbutia, les actions de la loi furent en vigueur pour certains actes, pour les actes de juridiction gracieuse et par conséquent pour l'adoption.

---

(1) 4 Dig. de Adopt. — 3 D. de Off. Proc. — 1 C. de Adopt.
(2) 1 C. de Adopt.

Les magistrats qui avaient la *legis actio* étaient à Rome, le consul, le préteur; dans les Provinces, les proconsuls et les présidents. Quant aux magistrats municipaux ils n'avaient pas en principe la *legis actio*, mais Paul enseigne dans ses Sentences (l. 2, tit. 25, § 4) que si ce privilège leur était confié, alors ils avaient le droit de connaître des adoptions.

Le devoir du magistrat se bornait à constater l'adoption. Il n'avait ainsi qu'une juridiction gracieuse. Le magistrat pouvait procéder à l'adoption même en dehors de son tribunal en se rendant au bain ou au théâtre (¹). Il pouvait donner en adoption ses enfants devant lui-même, et s'il était fils de famille il pouvait être adopté devant lui-même (²). Le président de province peut adopter même avant d'être arrivé dans son ressort pourvu qu'il soit sorti de Rome, « *statim atque urbem egressus est* » (³). Paul nous dit encore (Sent. II, 25, § 3) que le magistrat peut procéder à une adoption, un jour férié.

Tel fut le droit en vigueur jusqu'à Justinien, mais ces moyens détournés pour arriver à l'adoption, ces mancipations, cette revendication fictive n'étaient pas en harmonie avec les progrès de la civilisation, aussi Justinien par une Constitution de l'an 530 abrogea-t-il entièrement cet état de choses « *veteres circuitus* » (⁴).

Désormais les choses se passeront avec beaucoup plus de simplicité. Il suffira que le père naturel déclare sa volonté devant le magistrat en présence de l'adoptant et de l'adopté, et que cette volonté soit constatée dans les actes publics, « *actis intervenientibus.* » Remarquons

---
(1) Inst. Just. I, 5 § 2.
(2) 3. 4. D. de Adopt. — 2 D. de Off. Procs.
(3) 2 princip. D. de Off. Proc.
(4) 11 C. de Ad.

que le consentement de l'adopté est nécessaire, ou tout au moins ce qui est requis c'est que celui qu'on donne en adoption ne contredise pas, car on peut donner en adoption même des enfants qui ne parlent pas *infantes*. (1)

Le consentement de l'adoptant, de celui qui donne en adoption, la non opposition de l'adopté ne suffisent pas toujours. Il se peut que l'adopté entre dans la famille de l'adoptant comme petit-fils, il faut alors établir une distinction. Entre-t-il sans désignation de père, *quasi ex incerto natus* ? il est considéré comme un enfant dont le père est décédé. Entre-t-il comme né d'un fils de l'adoptant, *quasi ex filio natus* ? il faut le consentement du fils de l'adoptant afin de ne pas lui donner un héritier sien malgré lui. (2) Ce consentement est si nécessaire que « si quelqu'un est adopté pour petit-fils comme né du fils et que le fils n'y ait point consenti, à la mort de l'aïeul, l'adopté n'est point sous la puissance du fils. » (3) L'adoptant peut se créer par l'adoption un petit-fils alors qu'il n'a pas de fils. Dans ce cas, le petit-fils sera considéré comme l'enfant d'un fils qu'aurait perdu le grand-père. (5 Ins. de Ad.)

L'adoption ne comporte ni le terme ni la condition. Du temps des actions de la loi, cela se comprenait sans peine, car les actes qui intervenaient « *mancipatio, manumissio vindictâ, cessio in jure* » n'admettaient ni terme ni condition « *in totum vitiantur per temporis vel conditionis adjectionem. 77 D. de Reg. juris.* » Mais une seconde raison interdisait ces modalités; cette raison valable sous le système des actions de la loi l'était encore sous Jus-

---

(1) 42 D. de Ad.
(2) 6 D. de Ad.
(3) 14 D. de Ad.

tinien; l'adoption est une image de la nature et notre esprit ne saurait admettre une paternité temporelle ou conditionnelle. (¹)

Les lois 24 et 25 nous disent que l'adoption ne peut être faite par procureur; cette décision est une conséquence de la solemnité de l'adoption. (²)

CHAPITRE II.

Conditions de l'Adoption.

L'adoption se forme par le concours de trois volontés, nous allons donc examiner successivement les conditions requises chez l'adoptant, l'adopté, et le paterfamilias qui donne en adoption.

SECTION I. — *du Père Adoptif.*

L'adoption faisant naitre chez le père adoptif la puissance paternelle, il faut pour adopter être juridiquement capable d'acquérir cette puissance. Le citoyen Romain a seul cette capacité. Justinien qui d'ailleurs ne fait que reproduire Gaïus nous dit : « *Jus autem potestatis quod in liberos habemus, proprium est civium Romanorum ; nulli enim alii sunt homines, qui talem in liberos habeant potestatem, qualem habemus.* » (³)

L'adoptant doit être *sui juris*. Si une personne *alieni juris* pouvait adopter, il arriverait que ce ne serait pas *l'alieni juris*, mais celui sous la puissance de qui il se trouverait qui exercerait les droits de puissance sur l'adopté. Il se peut toutefois qu'un fils de famille ait des enfants adoptifs, c'est le cas où le père de famille adopte

---

(1) 34 D. de Ad.
(2) 123 D. de Reg. jur.
(3) G. I. 55. — Just. Inst. I. 9 § 2.

avec le consentement de son fils un petit-fils comme né de ce fils.

La nature de l'adoption ne permettait pas que la femme incapable d'exercer la puissance paternelle put adopter. Tel était le droit à l'origine. (G. I § 104). Cependant au Bas-Empire, nous voyons une espèce d'adoption pour les femmes.

Pour la première fois, l'an 291, Dioclétien accorde à une femme le droit d'adopter son beau-fils pour la consoler de la perte de ses enfants, « *in solatium amissorum filiorum*. (¹) » Justinien dans son § 10 de Ad. nous indique par la généralité de ses termes que la femme qui avait perdu ses enfants pouvait avec l'autorisation de l'Empereur adopter même des personnes qui n'étaient pas ses parents.

L'Empereur Léon par sa Novelle 27 où il indique d'une manière parfaitement nette ses raisons de décider, fit un pas de plus. Désormais les femmes pourront adopter qu'elles soient ou non mariées, qu'elles aient eu ou non des enfants. L'Empereur va même plus loin; il termine sa Novelle en supprimant pour la femme l'obligation de recourir au Souverain; l'autorisation du magistrat du lieu sera suffisante.

Cette adoption qui est permise aux femmes, n'est qu'une adoption improprement dite; elle ne produit jamais la puissance paternelle; l'adopté ne change pas de famille, il devient seulement légitime héritier de la femme qui l'adopte.

Le principe général des règles que nous allons parcourir se trouve dans la loi 16 de notre titre. « *Adoptio*

---

(1) 5 C. de Ad.

in his personis locun habet, in quibus etiam natura potest habere. » Ce n'est qu'une application de cette règle : *Adoptio imitatur naturam* l'adoption doit reproduire la nature, et de cette autre : « *Quæ rerum, natura prohibentur, nullâ lege confirmata sunt.* (¹) »

Pour que l'adoption crée des rapports semblables à ceux de la nature il faut que l'adoptant soit plus âgé que l'adopté d'une pleine puberté ; c'est-à-dire de 18 ans. (²) Cette règle ne fut pas toujours admise ; elle ne l'était pas du temps de Cicéron. Dans son plaidoyer *pro Domo*, Cicéron demandait la nullité de l'adoption du sénateur Clodius qui pour devenir tribun du peuple s'était fait adopter par le plébéien Fonteius plus jeune que lui de 20 ans (³) ; malgré son éloquence il ne put obtenir ce qu'il demandait. Gaïus nous dit que de son temps c'était encore une question controversée. (I § 106). Mais Justinien ne laisse subsister aucun doute, l'adoptant doit être plus âgé que l'adopté, et le motif qu'il en donne est bien énergique. Il est contre nature « *pro monstro est* » que le fils soit plus âgé que le père. (4 de Adopt. Inst.)

Dans son commentaire sur les Instituts, Cujas se demande si la pleine puberté était la même pour les femmes que pour les hommes, et il se prononce pour la négative. La puberté ordinaire arrive, dit-il, plus tôt chez les femmes que chez les hommes, elle arrive à 14 ans chez

---

(1) 188 § 1. D. de Reg. juris.

(2) 40 § 1. D. de Ad. — La puberté proprement dite était fixée à 14 ans pour les hommes ; la pleine puberté n'avait lieu qu'à 18 ans ; on l'appelait ainsi parce qu'à cet âge elle avait acquis tout son développement même chez les personnes les plus tardives. (Inst. de Théophile.) D'ailleurs cette pleine puberté était prise très-rarement en considération. (14 § 1. D. de Alim. — 57 de re judic. — Sent Paul. III. 4 § 2 A.).

(3) *Pro Domo*, 14.

ceux-ci, à 12 ans chez celles-là ; et il propose d'étendre à notre espèce une décision d'Adrien rapportée par Scœvola dans la loi 14 § 1 Dig. de alimentis, décision qui dans le cas d'aliments fixe la pleine puberté à 14 ans chez la femme.

Dans l'ancien droit les castrats ne pouvaient adopter ; par sa Novelle 26 l'Empereur Léon leur accorda cette faculté.

A la différence des castrats, les spadones, c'est-à-dire ceux qu'une infirmité empêchait d'engendrer, les impuissants pouvaient adopter. D'où vient cette différence ? Pothier nous en donne l'explication (1). « Les castrats « n'ayant point la faculté d'engendrer, on ne pouvait pas « supposer qu'ils eussent des enfants, et leurs adoptions « auraient été contre nature. Les spadones, au contraire, « n'étant privés de cette faculté que par un empêchement « qui pouvait cesser, on pouvait aussi supposer qu'il avait « cessé et qu'ils avaient eu des enfants. » (2)

Ceux qui ne sont pas mariés et ceux qui étant mariés n'ont pas d'enfants peuvent adopter (3). Il ne répugne pas en effet de feindre que quelqu'un ait eu une femme et un fils. « Mais, me direz-vous, cette décision est con-« traire à ce principe que nous avons posé ; l'adoption « imite la nature. Il ne peut en effet se faire que celui « qui a un petit-fils n'ait pas eu de fils. Je réponds : « Il suffit qu'il ait pu en avoir ; il suffit pour que l'a-« doption soit valable qu'il y ait entre mon petit-fils et « moi une différence d'âge telle que je puisse le considérer « comme mon petit-fils. Il en est de même de celui qui

---

(1) Pandectæ Justinianæ de Adopt. XVI, note 2.
(2) Voyez Théophile qui, sur le § 9 de Adopt. aux Instit., entre à ce sujet dans de grands détails.
(3) 30-37. princip. D. et § 6. Inst. de Adopt.

« sans être marié adopte un enfant, bien qu'on ne puisse
« être père si l'on n'a eu de relation avec une femme. » (¹)

SECTION II. — *De l'adopté.*

Toute personne *alieni juris* peut être adoptée. On peut également adopter, dit Ulpien, (R. 8 § 5) des fils et des filles, des pubères et des impubères. Les enfants qui ne peuvent parler peuvent être adoptés.

On lit dans la loi 37 § 1 D. de adopt. : « *Eum quem quis adoptavit, emancipatum, vel in adoptionem datum, iterum non potest adoptare.* » Ce texte de Paul paraît au premier abord en contradiction avec la loi 12 de notre titre. « *Qui liberatus est patriâ potestate, is posteà in potestatem honestè reverti non potest, nisi adoptione.* » A-t-on fait sortir un enfant de la puissance paternelle soit par l'émancipation, soit en le donnant en adoption ? Paul répond que cet enfant ne peut être adopté, tandis qu'Ulpien nous donne une solution contraire. Les deux jurisconsultes étaient donc d'un avis opposé ? Non, la contradiction n'est qu'apparente, et la conciliation est facile.

Dans la loi 37 un père qui a déjà adopté une première fois un enfant « *quem quis adoptavit* » émancipe ou donne en adoption cet enfant, il ne pourra plus l'adopter. On a voulu, sans aucun doute, punir le père qui considérerait l'adoption comme un jeu, et qui, selon son bon plaisir, adopterait un enfant pour le donner en adoption et le faire de nouveau rentrer sous sa puissance. Les motifs qui ont du dicter cette décision ne se retrouvent plus dans la loi 12. Cette loi suppose au contraire un père naturel qui a fait sortir son fils de sa puissance ; elle lui permet de le faire rentrer sous sa puissance en l'adoptant.

Ici se présente une question délicate. Un esclave pouvait-

(2) Vinnius Comm. Inst. de Adopt. § 5.

il être adopté ? Dans le droit ancien, la question paraît avoir été controversée. S'il faut en croire les Instituts, Caton ne considérait pas qu'une pareille adoption fut valable, mais elle était suffisante pour donner la liberté. Suivant Aulu-Gelle, au contraire, « l'esclave même peut être adopté par son maître en présence du préteur, et Massurius Sabinus prétend que plusieurs anciens auteurs ont soutenu la validité d'un tel acte. » (¹) Justinien approuva l'opinion de Caton « *Catonem benè scriptum* » et il décida que les esclaves s'ils étaient adoptés par leur maître deviendraient libres. (²)

L'opinion de Caton me paraît conforme aux principes. La puissance paternelle s'exerçait sur des personnes libres; l'adoption qui est un mode de créer la puissance paternelle ne peut donc s'exercer que sur des personnes libres. C'est aussi l'opinion de Théophile : « Car, dit-il, les per-
» sonnes libres peuvent seules être adoptées ; mais bien
» que l'adoption n'ait aucune force comme adoption, elle
» rend l'esclave libre. Il est certain que celui qui a voulu
» adopter un esclave a voulu lui conférer la liberté ».

Les femmes peuvent être adoptées (³).

SECTION III. — *De celui qui donne en adoption.*

Celui qui a une personne sous sa puissance peut la donner en adoption, et il n'est pas nécessaire que cette personne soit sous sa puissance *immédiate*.

Les fils de famille, les femmes et les pérégrins ne pouvant exercer la puissance paternelle, ne pouvaient donner en adoption. Même après les réformes qui per-

---

(1) Aul. G. N. Att., V, 19.
(2) Instit., § 12, de Ad. — L. un., § 10, C. de Lat. lib. toll.
(3) G. I, § 101.

mirent aux femmes d'adopter, elles ne purent donner en adoption ; elles n'ont jamais eu la puissance paternelle et nous savons que l'adopté par la femme ne changeait pas de famille, mais venait à la succession *ab intestat* de sa mère adoptive.

CHAPITRE III.

Effets de l'Adoption.

L'adoption fait sortir une personne *alieni juris* de la puissance de son *pater familias* pour la faire entrer sous la puissance du père adoptif. Tel est l'effet principal de l'adoption, l'effet d'où découlent presque tous les autres.

Bien que sorti de la famille primitive, l'enfant n'y conserve-t-il aucun droit et acquiert-il par contre dans sa nouvelle famille tous les droits des enfants ? C'est ce que nous allons examiner en étudiant les droits que l'adopté a acquis dans la famille adoptive et ceux qu'il a conservés dans son ancienne famille. Nous nous placerons d'abord en face du droit relaté dans les Pandectes ; dans un chapitre spécial nous examinerons les réformes importantes de Justinien sur cette matière.

SECTION I. — *Droits de l'adopté dans la famille adoptive.*

L'adopté entre dans la famille de son père adoptif, et des liens de parenté s'établissent entre l'adopté et les agnats de l'adoptant. L'adopté n'a plus de liens d'agnation avec le père de famille qui l'a donné en adoption, ni avec les agnats de ce père de famille, désormais c'est avec l'adoptant et les agnats de l'adoptant que l'agnation existera.

L'adopté passe sous la puissance paternelle de l'adoptant et il ajoutera à son nom le nom de son père adoptif, il conservera son nom de famille, mais transformé par la terminaison *ianus*. C'est ainsi que Paul Emile adopté par Scipion l'Africain s'appellera Scipio Œmilianus, et qu'Octave adopté par César s'appellera Cæsar Octavianus.

Rappelons ici un effet de l'adoption que nous avons indiqué en étudiant les formes de l'adoption. L'adopté prend dans la nouvelle famille la place qu'il y prendrait s'il était né de justes noces. Y entre-t-il comme fils? Il devient aussitôt le frère de tous les enfants de l'adoptant. Y entre-t-il comme petit-fils? Il faut distinguer s'il y entre *quasi ex incerto natus*, ou bien *quasi ex filio natus*. Dans le 1er cas tous les fils de l'adoptant sont considérés comme ses oncles, il est regardé comme le fils d'un enfant décédé. Dans le 2e cas il sera considéré comme le fils du fils de l'adoptant qui a consenti à l'adoption, les autres fils de l'adoptant seront regardés comme ses oncles; tout se passera en un mot comme s'il était né dans cette position.

L'adoption crée des empêchements au mariage; cela est naturel puisqu'elle crée l'agnation. Ainsi donc entre l'adopté et ses nouveaux agnats, le mariage doit être interdit dans la mesure des prohibitions qui atteignent la parenté naturelle.

En ligne directe ascendante ou descendante le mariage est prohibé à l'infini. Je ne puis donc épouser ma fille ou ma petite fille adoptive. Cet empêchement qui résulte de l'adoption est si fort, « cette règle est si absolue que
» le mariage n'est même pas permis après la dissolution
» de l'adoption. C'est pourquoi si une femme est devenue
» votre fille ou votre petite-fille par l'adoption, vous aurez
» beau l'avoir émancipée vous ne pourrez pas l'épouser » (1).

---

(1) § 1, Inst. de Nuptiis.

Une règle semblable existe pour la ligne collatérale, mais elle est moins absolue. Le mariage est interdit entre personnes dont l'une d'elles est à un degré de l'auteur commun; c'est ainsi que le mariage est prohibé entre un frère et sa sœur adoptive (§ 2 de Nupt).

On lit dans les Instituts qu'on peut épouser sa tante maternelle adoptive (§ 5 de Nupt. *à contrario*); cela est évident, puisque c'est une femme qui par adoption est devenue la sœur de ma mère; elle est entrée dans la famille de ma mère, je n'ai donc avec elle aucun lien d'agnation. « De même rien ne m'empêche d'épouser la fille issue d'une femme que mon père a adoptée, car je ne lui suis uni par aucun lien soit naturel, soit civil. De Nupt., § 3 ».

Quant à ma tante paternelle adoptive je ne puis l'épouser. L'adoption a rendu cette femme la sœur de mon père, par conséquent je suis uni à elle par les liens de l'agnation; mais un seul degré la sépare de l'auteur commun, je ne puis donc l'épouser (§ 5, de Nupt.).

La règle qui régit la ligne collatérale, disais-je, est moins rigoureuse que celle qui régit la ligne directe. En effet, arrive la cessation de l'agnation, l'empêchement au mariage est aussitôt détruit. « Seulement si par l'émancipation de votre sœur l'adoption vient à être dissoute, vous pourrez l'épouser, et de même si c'est vous qui êtes émancipé, rien ne s'oppose plus au mariage. Aussi est-il certain que celui qui veut adopter son gendre doit commencer par émanciper sa fille et que celui qui veut adopter sa bru doit d'abord émanciper son fils. « Inst. de Nupt., § 2, in fine. »

Sur ce dernier membre de phrase s'élève une discussion. Nous supposons qu'un gendre a été adopté sans l'émancipation préalable de son conjoint fille de famille de l'adoptant (¹). Est-ce l'adoption qui sera nulle? Sera-ce au contraire le mariage?

Quelques auteurs se basant sur ces mots des Instituts : « *debere eum antè filiam emancipare* » prétendent que l'adoption faite avant l'émancipation de la fille de famille est nulle. Je ne saurais partager cet avis.

Je ferai d'abord remarquer que ce texte est placé au titre de Nuptiis, englobé dans une série d'articles où il n'est nullement question de nullités d'adoption, mais de nullités de mariage, ne serait-ce pas là déjà une présomption grave en faveur de notre opinion? Triphoninus dans la loi 67, § 3, de Ritu Nupt. nous donne une solution absolument conforme à notre opinion. Le jurisconsulte examinant l'hypothèse d'un tuteur adoptant le mari de sa pupille dit : *Videamus an perimentur nuptiæ ut in genere adoptato dictum est*. On ne peut pas trouver de texte plus formel.

Il est vrai que Gaïus dans la loi 17, § 1, de Ritu Nupt., engage la personne qui veut adopter son gendre à émanciper sa fille, et il ne prononce pas la dissolution du mariage; mais on peut dire avec autant de raison qu'il ne prononce pas non plus la nullité de l'adoption, et que c'est là un simple conseil qu'il donne aux parties. « *Itaque volenti generum adoptare, suadetur ut filiam emanciparet.* »

D'ailleurs, Théopile dans son commentaire du § 2, de Nuptiis nous dit : « Si quelqu'un veut adopter son gendre, il
» doit auparavant émanciper sa fille, et si quelqu'un veut
» adopter sa bru, il doit auparavant émanciper son fils.
» S'il n'agissait pas ainsi l'adoption entraînerait la nullité

---

(1) Ce que je dis du gendre serait vrai de la bru, si la bru était adoptée avant l'émancipation de son conjoint fils de famille de l'adoptant. Je prends l'exemple du gendre parce que c'est le 1ᵉʳ dans le texte des Instituts.

» du mariage. Il arriverait en effet qu'un frère et une
» sœur seraient unis en mariage, et le mariage ne peut
» exister entre frère et sœur même adoptifs ».

Vinnius dont nous partageons la doctrine fait valoir une autre raison. « Je ne sais, dit-il, si la doctrine de D Bo-
» chovius qui admet la nullité de l'adoption et la validité
» du mariage, peut se justifier par la raison de la loi, *ex*
» *ratione juris civilis defendi possit*. En effet la loi prohibe
» le mariage entre le frère et la sœur adoptive, et tolère
» l'adoption du gendre; il suit de là que lorsque quelqu'un
» adopte son gendre ce n'est pas l'adoption que la loi a
» voulu annuler, mais bien le mariage. » (1)

Nous avons dit que l'adopté était placé sous la puissance paternelle de l'adoptant. L'adopté aura donc besoin pour se marier du consentement de son père adoptif comme le fils naturel aurait besoin du consentement de son père. Cette décision est fort juste, puisque les enfants qui naîtront de l'adopté seront placés sous la puissance paternelle de l'adoptant.

Le père peut donner son fils adoptif en adoption à un tiers, comme il pourrait donner son enfant né en mariage (2).

A propos de la puissance paternelle disons un mot des pécules.

A l'origine du droit, toutes les acquisitions des fils de de famille revenaient au père; cette rigueur reçut de bien grandes modifications par l'introduction des pécules; pécule *castrense* sous César ou Auguste, puis pécule *quasi-castrense*, probablement sous Constantin. Les fils avaient la pleine propriété de ces pécules, mais à leur mort en vertu de la puissance paternelle et non en vertu d'un droit de succession ab

---

(1) Vinnius sur le § 2 de Nuptiis.
(2) 37, § 1, Dig. de Adopt.

intestat, le pécule retournait au père comme si ces biens lui avaient toujours appartenu (1). L'adoptant acquérait avec la puissance paternelle les droits éventuels sur les pécules *castrense* ou *quasi-castrense* de l'adopté. Lorsque les fils de famille purent tester sur les pécules *castrense* et *quasi-castrense*, le testament antérieur devenait *irritum* par la *minima capitis diminutio* provenant de l'adoption du testateur II, 17 § 4. Il y eut cependant une exception accordée au testateur militaire, son testament vaudra *ex novâ voluntate* (2).

Le père adoptif avait également l'usufruit du pécule adventice, ainsi que les autres droits qu'avait sur ce pécule le père naturel.

Il est évident que si le père de famille avait donné à son fils un pécule profectice, c'est-à-dire des biens dont il lui avait laissé précairement l'administration et la jouissance, et que le père vint à donner son fils en adoption, l'adoptant n'acquerra aucun droit sur ces biens qui reviendront au père de famille qui a donné son fils en adoption.

La loi 8 de *in jus vocando* nous dit que le fils ne peut appeler en justice son père adoptif. Ulpien nous donne la raison de cette prohibition : « *Jure magis potestatis quam præcepto prætoris.* » Si le fils ne peut appeler son père adoptif en justice c'est qu'en vertu de la puissance paternelle, les biens acquis par le fils étaient acquis au père, tout contrat était donc impossible entre eux, et par tant tout procès. Lorsque fut institué le pécule *castrense*, lorsque le fils de famille put acquérir la pleine propriété, l'administration et la jouissance de ce pécule, il fut considéré à l'égard de ce pécule comme un père de famille. Alors

---

(1) Plus tard Justinien décida que les fils de famille auraient des héritiers *ab intestat* pour le pécule *castrense*; II, 12, princip.

(2) 22 De Test. milit. — Inst. II, 11, § 5.

le contrat qui était impossible entre le père de famille et son fils devint possible, et les procès impossibles entre ces mêmes personnes devinrent possibles (1). Cependant par respect pour le père adoptif il fallait obtenir la permission du magistrat qui ne la donnait qu'en connaissance de cause, « *cognitâ causâ* ».

La loi 23 D. de Adopt. nous dit que par l'adoption l'adopté se trouve uni à ses agnats par le double lien de l'agnation et de la cognation. Il semble que ce soit là une chose surprenante, puisque l'adoption étant une institution civile ne doit créer que des effets civils. On peut, je crois répondre que l'agnation est considérée comme supérieure à la cognation; aussi les jurisconsultes ont-ils conclu que celui qui avait avec quelqu'un les droits d'agnation avait aussi les droits de cognation (2).

J'arrive à un effet de l'adoption qui exigera d'assez longs développements, je veux parler des droits qu'acquiert l'adopté dans la succession de l'adoptant. Et comme la loi Romaine proclame avant tout le droit de choisir un héritier, et ne place qu'au second rang les successions *ab intestat*, je suivrai le même ordre et je m'occuperai d'abord de la succession testamentaire de l'adoptant et en second lieu de sa succession *ab intestat*.

§ I. SUCCESSION TESTAMENTAIRE. — Supposons d'abord que l'adoptant avait testé avant l'adoption. Vient-il à adopter un enfant comme son fils? le testament est rompu *quasi adgnatione hœredis sui*, (Inst. § 1. Quib. mod. test. infirm. G. II § 138); peu importe que l'adopté soit un fils ou une fille (3).

---

(1) 8, D., de in jus voc.
(2) M. Labbé à son cours sur le titre de Adopt.
(3) 8 princ. D., de inj. rupt. irrit.

Il en sera de même de l'enfant qui aura été adopté comme petit-fils, *quasi ex incerto natus*; cet enfant étant en effet considéré comme issu d'un enfant décédé de l'adoptant, se trouve sous la puissance immédiate de son père adoptif, et devient son héritier sien. Si le petit-fils est adopté *quasi ex filio natus*, le testament ne sera pas rompu, puisque l'adopté ne se trouvera pas sous la puissance immédiate de l'adoptant; mais que le grand-père adoptif émancipe son fils, le donne en adoption, ou que ce dernier vienne à mourir, aussitôt le petit-fils adopté est placé sous la puissance immédiate de l'adoptant, et le testament se trouve rompu.

Mais le testateur n'avait-il pas un moyen de prévenir la rupture du testament, soit en instituant, soit en exhérédant celui qu'il devait plus-tard adopter? Gaïus dans son 2me Commentaire § 138 ne le pense pas, son opinion est formelle « *omnimodò testamentum ejus rumpitur quasi agnatione sui heredis.* » — « Quant à l'exhérédation,
» il n'y avait aucun doute, dit M. Ortolan; elle était
» nulle comme faite contre des personnes qui, au mo-
» ment de la confection du testament, n'étaient pas
» au nombre des héritiers siens et auxquelles par consé-
» quent, on n'avait pu enlever un droit qu'elles n'avaient
» pas encore. » (¹) Cependant Papinien (23 princip. de lib. et post.) et Ulpien (8 § 7 de Bon. poss. contrà tab.) se demandaient si l'exhérédation vaudrait, lorsqu'un père après avoir émancipé son fils l'exhérédait, puis l'adrogait et ils décidaient que l'exhérédation était valable.

Quant à l'institution les jurisconsultes se relâchèrent de la rigueur des principes, et il fut admis que lorsque dans un testament on aurait institué celui qui après le

---

(1) Explic. hist. des Instituts, t. 2, p. 527.

testament deviendrait l'héritier sien du testateur, ce testament ne serait pas rompu. Papinien (23 § 1 de lib. et post.) et Scévola (18 D. de inj. rup.) nous disent que l'adoption de celui qui a été institué héritier n'entraine pas la rupture du testament. Justinien fit prévaloir cette opinion, car dans le § 1 *Quibus modis testamenta infirmantur*, qui est la reproduction presque littérale du § 138 de Gaïus le mot « *omnimodo* » se trouve supprimé.

Nous allons maintenant supposer que l'adoptant a fait son testament postérieurement à l'adoption. L'adoption, nous le savons, est une image de la nature, et nous trouverons ici une application rigoureuse de cette règle. « Les enfants adoptifs, dit le § 4 Inst. de Exhered. lib., tant qu'ils sont en la puissance de l'adoptant y sont dans la même condition que les enfants issus de justes noces, ils doivent donc être institués ou exhérédés comme les enfants naturels. »

Ainsi donc si l'adopté est sous la puissance immédiate de l'adoptant, il doit être exhérédé ou institué. S'agit-il dans l'ancien droit, d'un fils? L'exhérédation pour être valable doit être nominative (*nominatim*); le père doit ou prononcer le nom de l'enfant ou le désigner d'une manière individuelle. S'agit-il d'une fille ou d'un petit-enfant? L'exhérédation est valable quand même elle serait faite en masse (*inter cœteros*).

La sanction varie avec ces deux modes d'exhérédation. L'omission d'un fils adoptif entraine la nullité du testament. Cet acte est radicalement nul dès le principe ; il ne peut valoir quels que soient les événements postérieurs, lors même que le fils mourrait avant son père, lors même que le fils voudrait respecter le testament.

Telle est du moins la doctrine des Sabiniens qui a prévalu, après une controverse avec les Proculeiens. (G. II § 123) Quant à l'omission d'une fille ou d'un petit-enfant, elle entraine, non plus la nullité du testament, mais un *jus adcrescendi* pour la personne omise (G. II § 124).

Le Préteur modifia cet état de choses et décida que l'exhérédation du fils et du petit-fils devrait être faite *nominatim*, par une désignation individuelle, les filles et les petites-filles purent être exhérédées *inter cœteros*.

La sanction de cette règle ne sera plus comme en droit civil la nullité du testament. Si la règle posée par le préteur a été omise ou violée, le préteur accorde aux fils, petits-fils, filles ou petites-filles indistinctement, *la bonorum possessio contrà tabulas* ou la *bonorum possessio un dè liberi*, selon que le testament a été fait dans la forme prétorienne ou selon qu'on n'a pas observé cette forme (testament nuncupatif).

Cette décision entraine une conséquence très-heureuse. L'enfant devra demander au préteur la *bonorum possessio*. Si l'enfant omis prédécède au testateur, ou si lui ayant survécu, il respecte le testament et ne demande pas la *bonorum possessio*, le testament sera parfaitement valable.

Justinien alla encore plus loin que le préteur. Au point de vue de la forme de l'exhérédation, il supprima la distinction entre les descendants du sexe masculin et les descendants du sexe féminin ; désormais tous devront être exhérédés *nominatim*. Au point de vue de la nullité du testament et du *jus adcrescendi*, il effaça les différences établies entre les fils d'une part, et les petits-fils, filles et petites-filles d'autre part ; pour tous le testament sera désormais annulé. § 5 de Exher. lib. (1)

(1) 4, C. de Lib. prœter.

L'adopté pourra-t-il intenter la *querela inofficiosi testamenti* ?

La solution de cette question se trouve toujours dans le même principe. L'adoption crée entre l'adoptant et l'adopté les mêmes rapports qui existent entre un père de famille et les enfants nés de justes noces, c'est une reproduction de la nature. Oui l'adopté pourra intenter la *querela inofficiosi testamenti* § 2 *de Inoff. test.* Mais il ne pourra l'intenter que lorsqu'il n'aura pas moyen d'agir autrement. Elle sera refusée à l'adopté qui pourra arriver d'une autre manière à l'hérédité ; en effet la *querela* est une mesure offensante pour le testateur qu'on doit s'efforcer d'éviter.

Il est donc évident que la querela sera refusée, dans le droit de Justinien à l'adopté héritier sien omis dans le testament ; puisque pour lui le testament est nul. Dans le droit civil ancien, pour le même motif, elle serait refusée au fils adoptif ; et les petit-fils, filles, petites-filles adoptifs ne pourront l'exercer, puisque ces personnes avaient un autre moyen de recourir contre le testament, puisqu'elles avaient le *jus adcrescendi*. Cette décision est remarquable, car par la querela le résultat eut été bien plus avantageux ; le testament eut été rompu à leur profit, tandis que par le *jus adcrescendi* elles n'obtiendront qu'une parvirile.

Nous verrons en étudiant l'adrogation des impubères, que l'impubère qui a été exhérédé par le père adrogateur a droit à une quarte appelée la quarte Antonine ; l'impubère exhérédé ne pourra donc intenter la querela. (¹)

De même l'adopté *ex tribus maribus*, ne pouvait intenter la querela puisqu'en vertu d'un senatus-consulte Sabinien,

---

(1) 8, § 15, D., de Inoff. test.

l'adopté était certain de recueillir une quarte dans les biens de l'adoptant. Cette quarte fut appelée quarte Sabinienne.

Sous le droit de Justinien ou la querela a été remplacée par une action en complément, il faudra décider que l'enfant adoptif aura le droit de faire compléter le quart de ce qu'il aurait eu si le testateur était mort intestat (1); et plus tard quand Justinien eut augmenté la quotité de la légitime nous devrons décider que cette quotité est applicable aux enfants adoptifs. (2)

Pour achever ce qui concerne la succession testamentaire, il me reste à dire un mot de la querela que l'adopté pourra exercer contre le testament de certains agnats de l'adoptant. L'adopté est devenu par l'adoption l'agnat de tous les agnats de l'adoptant ; s'il a été adopté comme fils, il est devenu le frère de tous les autres enfants de l'adoptant. Si donc un frère adoptif ou une sœur adoptive fait un testament dans lequel il oublie l'adopté, celui-ci aura le droit d'intenter la querela pourvu que l'institution ait été faite au profit de personnes viles, (*turpibus personis, scriptis heredibus.*)

§ II. SUCCESSION AB INTESTAT. — L'adopté prend dans la famille de l'adoptant la place qu'occuperait un enfant légitime ; il sera donc d'après le droit civil l'héritier sien de l'adoptant et à ce titre il viendra en première ligne dans la succession *ab intestat*. Le droit Prétorien vient aussi à son secours et lui accorde la *bonorum possessio undè liberi* dans la succession de l'adoptant. Tels sont les droits de l'adopté lorsque l'adoption l'a rendu fils de l'adoptant, ou petit-fils sans père désigné, ou même petit-fils, *quasi ex filio natus*, pourvu que le fils soit émancipé ou mort avant l'ouverture de la succession *ab intestat*.

(1) 30 princ., C. de inoff. test. — 3, Inst. de inoff. test.
(2) Novelle 18, ch. 1.

Quels seront les droits de l'adopté lorsqu'il aura été adopté comme petit-fils *quasi ex filio natus*, et que ce fils est vivant et non émancipé au moment de l'ouverture de la succession *ab intestat* de l'adoptant? Dans cette hypothèse l'adopté n'a aucun droit sur la succession de l'adoptant, puisqu'il ne se trouve pas sous sa puissance immédiate, puisqu'il n'est pas son héritier sien. Mais si le fils vient à mourir du vivant de l'adoptant ou tout au moins avant l'ouverture de la succession *ab intestat* de ce dernier, nous retombons dans la première hypothèse, et le petit-fils viendra à la succession comme héritier sien d'après le droit civil, et il aura aussi la *bonorum possessio undè liberi* d'après le droit Prétorien.

L'adoption ayant créé entre l'adopté et les agnats de l'adoptant des liens d'agnation, l'adopté succédera à ces agnats d'après les principes du droit civil; ici encore le préteur est venu corroborer le droit civil et a accordé à l'adopté la *bonorum possessio undè legitimi*; et chose singulière le préteur lui a accordé une certaine *bonorum possessio* qui n'est accordée qu'à ceux qui sont unis entre eux par les liens du sang, la *bonorum possessio undè cognati*. La raison de cette singularité est facile à donner. Nous savons que la loi 23 D. de Adopt. dit que l'adoption fera naître entre l'adopté et les agnats de l'adoptant des liens de cognation.

Mais à quoi bon la *bonorum possessio undè cognati*? La *bonorum possessio undè legitimi* ne lui est-elle pas supérieure? et si l'adopté a la *bonorum possessio undè legitimi*, l'autre n'est-elle pas inutile?

Pour répondre à cette objection, il faut savoir que le droit civil n'appelait à la succession *ab intestat* que le plus proche agnat en vertu du principe de la loi des XII Tables : *Si intestato moritur cui suus hæres nec escit, proximus agnatus familiam habeto.* (¹) Si cet agnat ne voulait on ne pouvait recueillir la succession elle passait à l'ordre suivant. Le préteur, lorsqu'il établit les *bonorum possessiones*, maintint la règle du droit civil pour la *bonorum possessio undè legitimi* qu'il attribua aux agnats; il n'admit pas de dévolution d'un degré à l'autre. On voit dès lors l'importance de la *bonorum possessio undè cognati.* Si, par exemple, un agnat se trouve exclu par un plus proche agnat qui ne veut ou ne peut accepter la succession, le principe de non dévolution l'empêchera de demander la *bonorum possessio undè legitimi* ; c'est dans ce cas que se fera sentir le bénéfice de l'institution prétorienne, l'agnat aura recours à la *bonorum possessio undè cognati* et il l'obtiendra (²).

L'adopté entre tout seul dans la famille de l'adoptant, et c'est là, comme nous le verrons, une différence très importante entre l'adoption et l'adrogation ; il y entre, dis-je, seul sans ses biens, sans ses enfants. Supposons qu'au moment où le fils de famille est donné en adoption sa femme soit enceinte et qu'elle mette au monde un enfant, cet enfant sera sous la puissance de son grand'père qui a donné le fils de famille en adoption. Que si au contraire, la conception est postérieure à l'adoption, l'enfant qui naîtra sera sous la puissance du grand'père adoptif. (³)

Je vais dire un mot de la succession des affranchis. Quand je parle d'affranchis, il est évident que je ne fais allusion qu'aux affranchis citoyens romains ; en effet l'adoption étant un mode de constitution de la puissance pa-

---

(1) Tabula V, 2.
(2) § 7, Inst. de leg. adgn. succes.
(3) § 9, Inst. 1., 12.

ternelle, et la puissance paternelle étant de droit civil, il ne saurait être question dans ce travail que des affranchis citoyens romains.

Sous la loi des XII Tables la dévolution de la succession des affranchis se faisait dans l'ordre suivant. En 1re ligne venaient les héritiers siens, en 2° le patron, et en 3° les enfants du patron. Il suivait de là que lorsque l'affranchi laissait un héritier sien, même un fils adoptif, le patron se trouvait sans droit.

Les Préteurs ont trouvé ce système injuste. Ils ont pensé que l'exclusion du patron par un héritier que l'affranchi se donnait volontairement, était un encouragement à l'ingratitude. Ils ont décidé en conséquence que le patron serait exclu par un enfant naturel de l'affranchi, mais qu'il ne serait pas entièrement exclu de la succession par un enfant adoptif. Le patron concourra avec les adoptés, et sa part sera toujours de moitié. Quelle peut être l'origine de cette détermination de part ? Les patrons avaient le droit d'exiger de leurs affranchis des promesses de services et d'égards, et en cas de fautes le patron prenait une portion des biens de l'affranchi. De nombreux abus ne tardèrent pas à paraître, et pour y porter remède le préteur Rutilius décida que le patron n'aurait jamais droit à plus de la moitié de la fortune de son affranchi (1 § 1. D. *de bonis libert*).

Plus-tard les affranchis gagnèrent en hardiesse, et ce fut au tour du patron à être protégé ; les Préteurs se sont servis du même moyen, et ils ont décidé que le patron aurait toujours droit à la moitié de la fortune de l'affranchi.

Cette partie de l'Edit s'appliquait aux fils et aux petits-fils du patron, mais « bien que les filles et les petites-filles du patron par les mâles eussent d'après la loi des

3

XII Tables les mêmes droits que le patron, le préteur ne leur avait pas appliqué l'Edit. G. 46. III. » Il en était de même des patronnes.

La loi *Papia Poppœa* est venue modifier cet état de choses. Gaïus nous enseigne (46 III) que cette loi étendit la faveur de l'Edit aux filles et petites-filles par les mâles, pourvu qu'elles eussent trois enfants.

La patronne ingénue qui avait deux enfants et l'affranchie qui en avait trois avaient à peu près les mêmes droits que l'Edit avait accordés au patron (*eadem ferè jura dedit.*) Si la patronne ingénue avait plus de deux enfants, la loi lui accordait les mêmes avantages qu'au patron. (G. III. 50.)

Que sont devenues ces règles sous Justinien ? Justinien a publié une longue Constitution sur les *jura patronatus*. Il l'a écrite en Grec, on la trouve dans les Basiliques. Les Instituts § 3. 7. III nous en présentent un résumé, et de tout cela on a fait la loi 4 Code VI. 4. (Voyez là-dessus Cujas. Observ. XX cap. 34.

Cette Constitution ne dit rien du sujet qui nous occupe. Peut-être, pourrait-on dire alors, que Justinien a voulu se référer au droit Prétorien, complété par la loi *Papia Poppœa*.. Mais ne peut-on pas dire d'un autre côté que l'Empereur ayant établi un nouvel ordre de choses, on ne doit pas se référer à des règles antérieures ? Je ne me prononce pas sur ce point.

L'adoption produit d'autres effets que je puis faire rentrer dans cette section.

L'adopté entre dans la famille de son père adoptif, il participera aux sacrifices de cette famille ; les Dieux Lares de sa famille lui seront étrangers, mais par contre il aura pour protecteurs les Dieux domestiques de la famille adoptive, c'est à eux qu'il adressera ses hommages.

Voici sur ce point quelques détails intéressants (¹) :

« Quand on adoptait un fils, il fallait avant tout l'initier à son culte, l'introduire dans sa religion domestique, l'approcher de ses pénates. Aussi l'adoption s'opérait-elle par une cérémonie sacrée qui paraît avoir été fort semblable à celle qui marquait la naissance du fils. Par là le nouveau venu était admis au foyer et tout lui devenait commun avec son père adoptif. On disait de lui *in sacra transiit*, il est passé au culte de sa nouvelle famille.

Par cela même il renonçait au culte de l'ancienne.... Admis dans une nouvelle maison, la maison paternelle lui devenait étrangère. Il n'avait plus rien de commun avec le foyer qui l'avait vu naître et ne pouvait plus offrir le repas funèbre à ses propres ancêtres. Le lien de la naissance était brisé, le lien nouveau du culte l'emportait. L'homme devenait si complétement étranger à son ancienne famille que, s'il venait à mourir, son père naturel n'avait pas le droit de se charger de ses funérailles et de conduire son convoi. »

L'adopté acquiert la *dignitas* de son père adoptif, mais il ne descend pas à la condition de son père adoptif si cette condition est inférieure à la sienne : « c'est pourquoi un sénateur adopté par un plébéien était toujours sénateur, et son fils toujours fils d'un sénateur (²). » Tel fut du moins le premier état du droit, mais du temps de Cicéron il n'en devait plus être ainsi puisque pour devenir tribun du peuple, le patricien Clodius put se faire adopter par un plébéien.

---

(1) Je les extrais du beau livre de M. Fustel de Coulanges : La Cité Antique, p. 61.
(2) 35 D. de Adopt.

L'adopté acquiert la patrie de l'adoptant, sans perdre sa patrie d'origine. Si ces deux patries sont distinctes il est en deux endroits apte aux honneurs municipaux et soumis aux charges qui incombent aux citoyens d'une ville, (¹) c'est ce que nous enseigne aussi Papinien quand il dit : « *Jus originis in honoribus obeundis ac muneribus suscipiendis, adoptione non mutatur : sed novis quoque muneribus filius per adoptivum patrem adstringitur* (²). »

J'ai souvent répété que l'adoption était une image de la nature, et que par conséquent entre l'adopté et le père adoptif s'établissaient les mêmes liens qu'entre un fils et son père. Quelques exceptions à cette règle ont été déjà signalées, en voici deux autres qu'il sera facile de justifier.

Ulpien dans son Commentaire des lois *Julia* et *Papia* nous dit que l'adoptant n'échappe pas aux déchéances que les lois Caducaires attachent à l'*orbitas* et ne peut prétendre aux *prœmia patrum*. (³)

Dans ses Questions, Ulpien nous dit encore que l'adopté ne compte pas à l'adoptant pour le calcul des enfants lorsqu'il s'agit d'appliquer le *jus liberorum* « *Adoptivi filii in numerum non proficiunt eorum liberorum qui excusare parentes solent.* (⁴) » Justinien (princ. de Excus. tut.) nous donne la même solution.

La raison de ces décisions est facile à donner. Les lois *Julia* et *Papia Poppœa* avaient été faites pour encourager au mariage et surtout pour encourager les époux à la procréation ; il en était de même des divers avantages que

---

(1) 7 C. de Adopt.
(2) 15 § 3 D. Ad. Munic.
(3) 51 § 1 D. de Leg. et Fideic. 2°.
(4) 2 § 2 D. de Vac. et excus. Muner.

procurait le *jus liberorum* ; on ne pouvait donc se procurer par une paternité fictive des privilèges établis pour encourager et récompenser la procréation réelle.

Tacite nous apprend (Annales 15) que ces prohibitions furent établies par Néron dans un S. C. qui portait : *ne liberi adoptivi ad præmia patrum prodessent.*

SECTION II. — *Droits de l'adopté dans sa famille naturelle.*

L'adoption fait sortir l'adopté de sa famille naturelle pour le faire entrer dans la famille de l'adoptant. L'adopté ne participe plus aux sacrifices de la famille naturelle (*sacris egreditur*), il n'est plus sous la puissance de son père naturel et n'a plus de liens d'agnation avec les agnats de son père naturel.

Les liens qui le rattachaient à sa famille naturelle sont donc brisés, les droits qu'il pouvait exercer dans cette famille, les devoirs dont il était tenu envers elle n'existent plus, et désormais de nouveaux liens, de nouveaux droits et de nouveaux devoirs le rattachent à son père adoptif et à la famille de son père adoptif. L'adopté subira une *minima capitis deminutio*.

Ce changement de famille est-il aussi absolu que la rigueur des principes semblerait l'exiger ? L'adoptant sera-t-il entièrement étranger à sa famille naturelle, ne pourra-t-il y exercer aucun droit, ne sera-t-il tenu envers elle d'aucun devoir ? C'est ce que je vais déterminer dans cette section.

Et d'abord de ce que l'adopté est sorti civilement de sa famille naturelle, il ne faut pas conclure que toutes les prohibitions de mariage pour cause de parenté n'existent plus. L'agnation est, il est vrai, dissoute, mais la cognation subsiste, et avec elle des empêchements de mariage entre l'adopté et certains de ses parents naturels (¹).

L'adopté ne peut également *vocare in jus* son père naturel (²) ; le motif de cette prohibition nous est donné par Paul « *una est enim omnibus parentibus servanda reverentia* (³). Cette défense n'est pas cependant absolue, et le magistrat pourra la lever en connaissance de cause « *cognitâ causâ.* »

De plus l'enfant donné en adoption compte au père naturel pour le calcul du *jus liberorum* (⁴).

Examinons les droits que l'adopté a conservés dans sa famille naturelle. Nous examinerons comme à la section précédente, les droits de l'adopté sur la succession testamentaire du père naturel, puis ses droits sur la succession *ab intestat*.

§. 1. SUCCESSION TESTAMENTAIRE. — Nous supposons que le père naturel a fait un testament dans lequel il n'a ni institué, ni exhérédé le fils qu'il a donné en adoption. Quels sont les droits de cet enfant ?

Dans le Droit Civil ancien, l'enfant adoptif change de famille, il devient membre de la famille de son père adoptif à l'égal des enfants qui sont nés de justes noces de ce père adoptif; il devient entièrement étranger à sa famille naturelle. Si donc le père naturel fait un testament après avoir donné son fils en adoption, il pourra sans danger omettre dans son testament ce fils qui ne lui est plus attaché par aucun lien. Au contraire si le père adoptif fait son testament après l'adoption il ne peut omettre dans

---

(1) §§ 1. 2. 3. de Nup. Inst.
(2) 8 Dig. de *in jus. voc.*
(3) 6 Dig. de *in jus voc.*
(4) Inst. I, 25 *principium.*

ce testament son fils adoptif, tant qu'il est sous sa puissance. Cette décision fort logique, il est vrai, était cependant rigoureuse ; aussi, le Préteur s'inspirant de raisons pratiques essaya de concilier l'équité et la loi.

Dans leurs Edits, les Préteurs ont dressé un système complet de succession à côté du Droit Civil, et en ce qui touche notre matière ils ne tiennent aucun compte de la *capitis deminutio* ; aussi peut-on dire avec Pomponius : « *Capitis deminutio per Edictum nulli obstat.* » [1] Le Préteur appelle à la succession prétorienne non-seulement ceux qui sont actuellement héritiers siens, mais encore ceux qui auraient cette qualité si une *capitis deminutio* n'était intervenue.

De ce que je viens de dire, il semble découler nécessairement que, dans tous les cas, l'adopté viendra recueillir dans la famille naturelle les droits que la *capitis deminutio* lui a fait perdre, et qu'il pourra toujours exercer soit la *bonorum possessio contrà tabulas* soit la *bonorum possessio undè liberi*. Les choses pourtant ne se passeront pas ainsi. C'est qu'à côté de la règle que je viens d'énoncer le Préteur a admis une autre règle, qui sert, pour ainsi dire, de contre-poids à la première. Le Préteur, comme le droit civil, n'admet pas qu'on puisse appartenir à la fois à deux familles et tant que l'adopté se trouve sous la puissance de l'adoptant, le Préteur estime que les droits de l'adopté dans la famille adoptive le compensent suffisamment de ceux qu'il perd dans la famille naturelle.

Aussi faut-il faire une grande distinction selon que l'adopté est ou non dans la famille adoptive au moment du décès de son père naturel.

L'adopté, à la mort de son père naturel, est-il dans la

---

(1) 5 § 1 D. 38. 6.

famille adoptive? Le droit civil et le droit prétorien marchent d'accord, le père naturel a pu faire son testament sans instituer ou exhéréder son fils naturel (¹).

L'adopté n'est-il plus dans la famille adoptive? Le droit civil et le droit prétorien se séparent. En effet, si le père adoptif émancipe le fils adoptif, ce fils devient aussi étranger à la famille de son père adoptif qu'il l'est à la famille de son père naturel, et le père adoptif peut, en droit civil, comme le père naturel l'omettre dans son testament.

Le Préteur agit autrement; au moment de cette émancipation, il replace l'enfant adoptif dans sa famille naturelle. Le Préteur veut que l'enfant soit protégé par sa famille naturelle alors que la famille adoptive l'abandonne. Il ne veut pas le protéger doublement en le rattachant et à la famille adoptive et à la famille naturelle, mais il veut qu'il soit protégé, et il préfère ici *la famille naturelle*, qui, remarquons le bien, a été à l'origine *la famille civile* de l'enfant. Par conséquent si le père naturel de l'enfant fait un testament après l'émancipation du fils par son père adoptif, le père naturel doit au point de vue du droit prétorien instituer ou exhéréder son enfant naturel, sinon l'enfant aura suivant les cas la *bonorum possessio contrà tabulas* ou la *bonorum possessio undè liberi*.

§ 2. — SUCCESSION AB INTESTAT. — Supposons maintenant que le père naturel soit mort ab intestat, quels seront les droits du fils qu'il a donné en adoption? Nous allons voir que les solutions sont les mêmes que dans l'hypothèse précédente.

L'adopté, en droit civil, n'est plus sous la puissance du de cujus; l'adoption a brisé les liens qui le rattachaient à

---

(1) § 4 de Exher. liber. Instit.

la famille de son père naturel ; il ne se trouve donc pas être un *hæres suus* de son père naturel, par conséquent il ne peut se présenter à sa succession.

Le Préteur en matière de succession *ab intestat* ne tient pas compte d'une *capitis deminutio*, mais aussi comme dans les successions testamentaires, il ne veut pas que l'enfant soit à la fois membre de deux familles. Il suit de là que nous devrons faire la même distinction que précédemment.

Si au moment de la mort du père naturel, l'adopté est encore sous la puissance du père adoptif, cet enfant ne sera pas appelé à la succession du père naturel ; en effet cet enfant est appelé à la succession du père adoptif et par le droit civil et par le droit Prétorien. Il viendra cependant à la succession du père naturel dans l'ordre des cognats ; car il a toujours conservé dans sa famille primitive les liens de la parenté naturelle, de la *cognatio* ; il pourra donc arriver dans le 3ᵉ ordre des successeurs prétoriens avec la *bonorum possessio undè cognati*.

Mais si l'enfant a été émancipé par le père adoptif au moment de l'ouverture de la succession du père naturel, l'enfant peut obtenir dans la succession de son père naturel la *bonorum possessio undè liberi*. Le Préteur restitue alors cet enfant à sa famille naturelle (1). Mais pour qu'il en soit ainsi, il faut que l'émancipation précède la mort du père naturel. Il ne saurait dépendre de la volonté du père adoptif en émancipant l'adopté après coup, lorsque le père naturel est mort, de faire arriver la succession à l'enfant du de cujus plutôt qu'à ses agnats.

Ce que je viens de dire s'applique dans le cas où un enfant émancipé s'est donné en adrogation à un tiers,

---

(1) § 10. Inst. liv. 3. tit. 1.

c'est même l'hypothèse prévue aux Instituts (§ 10. 1. III.) « Ceux qui émancipés par leur père se sont donnés en adrogation ne sont point admis aux biens de leur père naturel en qualité d'enfants, si toutefois à sa mort, ils étaient encore dans leur famille adoptive. Car si de son vivant ils ont été émancipés par le père adoptif, ils sont admis aux biens du père naturel, comme si émancipés par lui, ils n'avaient jamais passé dans une famille adoptive. Quant au père adoptif, ils lui deviennent dès ce moment étrangers. Si c'est après la mort du père naturel qu'ils ont été émancipés par le père adoptif, à l'égard de ce dernier ils deviennent également étrangers, sans acquérir pour cela aucun droit au rang d'enfants sur les biens du père naturel. Le motif de cette décision c'est qu'il eut été inique de laisser le père adoptif maître de déterminer à qui appartiendraient les biens du père naturel à ses enfants ou aux agnats. » (¹)

Je vais parcourir des hypothèses où nous trouverons d'une manière bien remarquable l'influence du droit Prétorien. Ici nous confondrons le cas de succession testamentaire et le cas de succession *ab intestat*.

J'ai un fils qui lui-même a des enfants, j'émancipe mon fils ; ses enfants restent sous ma puissance ; je donne en adoption un de mes petits-fils à son père que j'ai émancipé. L'émancipé décède, et moi aïeul naturel de l'enfant donné en adoption, je viens à mourir. La loi 3 § 7 de *bon. poss. contrà tabulas* décide que si le petit-fils a été omis dans le testament de son aïeul ou n'a pas été exhérédé régulièrement, il pourra exercer la *bonorum possessio contrà tabulas*. Le motif donné par Ulpien est

---

(1) J'ai cité intégralement ce texte parce qu'il est un résumé très-fidèle des développements que j'ai donnés.

laconique : *quia in ejus est familiâ*, parce que l'adopté n'est pas dans une famille étrangère. Développons ce motif. Le Préteur, nous l'avons dit, ne tient pas compte d'une *capitis deminutio* ; cette règle Prétorienne s'applique avec plus d'étendue à l'émancipé qu'à l'enfant adoptif. Nous avons vu que l'adopté ne pouvait invoquer la règle Prétorienne que dans certains cas seulement (1) ; il en est autrement de l'émancipé. L'émancipation ne fait subir en droit Prétorien aucune diminution de droits, l'émancipé pourra exercer absolument les mêmes droits que pourrait exercer un héritier sien. Puisqu'il en est ainsi, puisque le Préteur ne tient pas compte de l'émancipation faite par un ascendant naturel, l'émancipé restera dans sa famille primitive, et dans notre espèce le fils qui a reçu le petit-fils en adoption et l'aïeul sont dans une seule et même famille, et par conséquent l'adopté n'est pas dans une famille étrangère. En d'autres termes l'adopté a bien quitté sa famille naturelle, mais il n'est pas entré dans une famille que le droit Prétorien regarde comme étrangère à celle qu'il a quittée.

Le § 8 de la même loi nous présente une hypothèse qui a une certaine analogie avec la précédente. Un fils émancipé donne en adoption à son père un enfant qu'il a eu depuis son émancipation. L'enfant adopté sera, quant à la succession de celui qui l'a donné en adoption, protégé par le droit Prétorien. Il pourra, s'il est omis ou exhérédé injustement, intenter la *bonorum possessio contrà tabulas* et dans le cas où son père naturel serait mort *intestat*, il pourra intenter la *bonorum possessio undè liberi*. Pourquoi ? Parce qu'il est toujours dans la même famille ;

---

(1) Lorsqu'au décès de son père naturel l'adopté n'est plus *in adoptivâ familiâ*.

quasi non sit in aliâ familiâ. Le père émancipé est toujours, aux yeux du Préteur, dans la famille de l'aïeul.

Un père de famille s'est donné en adoption ; son fils ne le suit pas dans la famille adoptive ; dans cette situation le père vient à mourir ; le fils pourra-t-il intenter la *bonorum possessio contrà tabulas ?* Julien se basant sur la rigueur des principes décidait que le fils ne le pourrait pas, car le père et le fils étaient dans des familles différentes. Mais abandonnant le terrain des principes, Marcellus trouvait cette décision inique « *iniquum sibi videri* », et il admettait l'affirmative. Tel était l'avis d'Africain et l'avis d'Ulpien qui se décidait dans ce sens par une raison d'humanité « *humaniorem esse sententiam.* » (¹)

Dans une hypothèse spéciale le Préteur a établi une exception favorable à l'adopté. D'après les règles de l'Edit, l'enfant adoptif qui se trouve dans la famille adoptive n'a aucun droit à la succession de son père naturel. Il est un cas cependant, où même dans cette situation l'enfant adoptif pourra exercer la *bonorum possessio contrà tabulas* à l'encontre de la succession de son père naturel ; c'est lorsqu'un testateur ayant institué celui qui, sans l'adoption, eut été son héritier sien, a omis un de ses héritiers siens.

Voici l'espèce faite par la loi 8 § 11. Un père a institué héritier son fils qui se trouve *in adoptivâ familiâ,* et il a omis ou exhérédé injustement un de ceux que le Préteur ordonne d'exhéréder ou d'instituer. D'après les principes de l'Edit, l'enfant étant *in adoptivâ familiâ* n'a aucun droit à la succession de son père naturel, ne pouvant être à la fois membre de deux familles ; mais le Préteur s'écarte des principes qu'il a lui-même posés et

---

(1) 3, § 9 — 14, § 1, *in fine* et 17, de Bon. poss. cont. tab.

décide que cet enfant pourra exercer la *bonorum possessio contrà tabulas*, comme ceux qui sont omis. Ulpien approuve cette décision et il dit que Labéon professait la même doctrine ; l'enfant n'est pas, dit-il, absolument étranger « *nec enim in totum extranei sunt.* » (¹)

C'est là une exception à la règle du Préteur, et comme toute exception, elle doit être renfermée dans d'étroites limites. Il faut que l'adopté soit institué régulièrement, « *jure scriptus* » s'il était instité sous condition et que la condition vint à défaillir, il ne serait pas admis à la *bonorum possessio* (²). Il faut de plus que l'adopté ne soit pas précédé dans la famille naturelle par un ascendant héritier sien ou émancipé. Peu importe que l'ascendant soit mort avant d'avoir obtenu la *bonorum possessio contrà tabulas* ; il faut en un mot que sans l'adoption l'adopté eut été héritier sien.

Voilà des conditions spéciales à l'hypothèse que nous venons d'examiner, mais il est une condition à laquelle est soumise toute personne qui veut intenter la *bonorum possessio*.

Pour être capable d'intenter les *bonorum possessiones*, il ne faut pas avoir approuvé volontairement le testament. Je dis volontairement, parce que si l'approbation n'a pas été libre elle ne vaut pas. La loi 10 § 2 de *bon. poss. cont. tab.* nous en donne un exemple : « Si je suis adopté et si après avoir fait adition par ordre de mon père adoptif, je viens à être émancipé, je pourrai exercer la *bon. poss. contrà tabulas.* »

La *bonorum possessio contrà tabulas* fait obtenir en gé-

---

(1) 8, § 11, D. de Bon. poss. cont. tab.
(2) 11 princ., D. de Bon. poss. cont. tab.

néral à l'adopté la part qu'il aurait eu s'il fut resté dans sa famille. Il est un cas cependant où il n'en sera pas ainsi. C'est le cas où l'adopté aura laissé des enfants dans sa famille naturelle et qu'il aura le droit de venir à la succession Prétorienne. Un conflit s'élève ici entre l'Edit du Préteur et le droit Civil. Le droit Prétorien ordonne à l'aïeul d'instituer ou d'exhéréder son fils sans s'occuper du petit-fils ; le droit Civil lui ordonne d'instituer ou d'exhéréder ses petits-fils sans s'occuper du fils donné en adoption. Si l'aïeul ne se conforme pas au droit Civil, son testament est infirmé au profit des petits-fils ; s'il ne se conforme pas au droit Prétorien, la *bonorum possessio contrà tabulas* est concédée au fils donné en adoption.

Voilà donc le fils et les petits-fils appelés en même temps à une même hérédité. Devant ce conflit de ces deux juridictions le Préteur fait une concession.

Si le fils adoptif a été institué pour une part insuffisante, alors il aura le droit d'exercer la *possessio contrà tabulas*, et les petits-fils viendront sur la part de leur père en concours avec lui ; le fils aura la moitié de cette part, et les petits-fils l'autre moitié.

Pour qu'il y ait lieu à appliquer cette règle il faut nécessairement que l'adopté soit institué ; si nous avions à faire à un enfant émancipé, cela ne serait pas nécessaire, il suffirait que l'enfant fut omis. Cette condition importante résulte de la loi 1, § 2 *in fine* D. 37 8. « *Et hæc erit differentia inter in adoptionem datum et emancipatum : quod in adoptionem quidem dato non alias jungitur, nisi instituto : emancipato autem sive sit institutus sive sit præteritus.* »

CHAPITRE III.

Droit de Justinien.

Malgré les réformes introduites par le Préteur, de graves inconvénients résultaient encore du système successoral.

Nous savons que le Préteur avait autorisé le fils adoptif émancipé à venir à la succession de son père naturel, mais dans une hypothèse l'autorisation était sans effet.

Supposons que le père naturel vienne à mourir, lorsque son enfant est encore sous la puissance de l'adoptant, l'enfant n'a aucune prétention à élever sur la succession qui va s'ouvrir parce qu'il est membre de la famille de l'adoptant ; plus tard le père adoptif émancipe l'adopté puis il meurt. L'émancipation ayant rompu les liens d'agnation qui unissaient le père adoptif et l'adopté, celui-ci n'aura aucun droit sur la succession du père adoptif.

Le voilà donc privé de tout secours, ne pouvant arriver à la succession de son père naturel et sans droit dans la succession du père adoptif ; *nulla spes ei remanebat*. Une telle situation était fâcheuse ; elle inspira à Justinien une réforme.

Par une Constitution de 530 (10 C. de Adop.) cet Empereur veut que l'on distingue si c'est un ascendant ou un étranger qui joue le rôle d'adoptant. Dans le premier cas l'adoption produira les mêmes effets qu'auparavant, dans le deuxième cas l'adoption ne transfère plus la puissance paternelle, et n'opère aucun changement de famille. Les interprètes appellent *plena* la première adoption et *minus plena* la deuxième.

I. ADOPTION FAITE PAR UN ASCENDANT. — Mais d'abord, comment se fait-il qu'une personne soit donnée en adoption à son ascendant? Qu'un ascendant maternel adopte son petit-fils, cela se conçoit sans peine, car le petit-fils n'est pas sous la puissance du père de sa mère; mais dans quel cas verrons-nous un ascendant paternel adopter son descendant? Supposons qu'un père de famille émancipe son fils de famille; postérieurement à l'émancipation le fils de famille a conçu de son uxor un enfant, cet enfant ne sera pas sous la puissance de son grand-père qui pourra donc l'adopter. Si nous supposons au contraire le fils de famille émancipé, alors qu'il a eu des enfants, ces enfants qui resteront sous la puissance du grand-père, pourront être adoptés par le père.

Dans ces hypothèses, l'adoption produira les effets qu'elle produisait autrefois, parce que, dit Justinien, l'affection naturelle d'un aïeul ou d'un bisaïeul pour son descendant ne permet pas qu'on soupçonne l'adoption d'être un jeu; en d'autres termes l'ascendant étant déjà uni à l'adopté par le lien du sang on n'a pas à craindre qu'il l'émancipe sans raison pour le priver de sa succession. Le véritable motif est que le descendant est sufisamment protégé.

En effet dans le cas où l'adoption a été faite par un ascendant paternel, le Préteur avait garanti les droits de l'adopté.

Supposons qu'un père de famille ait émancipé son fils et que postérieurement à l'émancipation ce fils ait un enfant que son grand'père naturel a adopté. Le père adoptif meurt-il avant le père naturel de l'enfant? Celui-ci est protégé par le droit Prétorien qui lui donnera la *bonorum possessio contrà tabulas* contre son père naturel. Au contraire le père naturel meurt-il avant le père adoptif? Le fils adoptif devient héritier sien de son père adoptif, ou du moins il est protégé par le droit Prétorien, parce qu'il serait héritier sien de son grand'père paternel sans la *capitis deminutio* qu'a subie son père naturel. Par conséquent l'enfant adoptif est ici parfaitement protégé par le droit commun (¹).

Les choses ne se passeront pas ainsi avec un ascendant maternel. Le père adoptif meurt-il avant le père naturel ? La solution sera la même que dans le cas précédent. Le père naturel meurt-il avant le père adoptif? Le Préteur n'accorde pas au descendant la faveur que nous avons vue dans le cas précédent. L'enfant n'aura donc pour le protéger que l'espérance d'arriver à la succession de son père adoptif. Cette espérance pourra être vaine, car il ne sera appelé qu'à titre de cognat à défaut de descendants par les mâles et d'agnats.

Ici donc doit s'appliquer le motif indiqué par Justinien. Au surplus je dois ajouter que cette bizarrerie ne dura pas longtemps encore. Par la Nov. 118, promulguée en 543, Justinien admit sans distinction les descendants par les femmes et les descendants par les mâles à succéder à leurs ascendants.

II. ADOPTION FAITE PAR UN EXTRANEUS. — Bien que le texte des Instituts ne distingue pas lorsque c'est un *extraneus* qui adopte, il y aura une sous-distinction à faire pour étudier complétement la Constitution.

1° L'*extraneus* adopte un enfant du premier degré ou un descendant sur lequel celui qui donne en adoption a la *patria potestas*. C'est ici qu'apparaissait l'injustice des résultats de la législation, c'est sur ce point que portèrent les réformes.

Justinien a décidé que l'adopté resterait dans sa famille naturelle, qu'il y conserverait tous les droits d'un héritier sien. Quant à la succession de l'adoptant, le fils adoptif pourra y arriver *ab intestat*, comme héritier sien. Mais ce

---

(1) 7 § 7. 8. Bon. poss. cont. tab.

droit peut être détruit soit par une exhérédation, soit par une omission, soit par une émancipation; l'enfant ne souffrira pourtant pas de ce fait, car il est protégé dans sa famille naturelle. Lorsque l'adopté arrivera à l'hérédité du père adoptif il ne pourra faire adition qu'avec le consentement du père naturel (¹).

Justinien ajoute : « Ayant conservé dans toute leur intégrité les rapports ordinaires entre le fils adoptif et son père naturel, il résulte évidemment que les acquisitions de tout genre attribuées au fils de famille par nos lois doivent être acquises pour ce qui concerne leur usufruit non au père adoptif étranger, mais au père naturel. Nous voulons que le père naturel les conserve comme une espèce de souvenir et la source d'une nouvelle affection que le passage de son fils dans une famille étrangère n'a pas du diminuer (²). »

2° L'adoptant est encore un *extraneus*, mais à la différence de l'hypothèse précédente, l'adopté n'est pas sous la puissance immédiate de celui qui donne en adoption; c'est, je le suppose, un petit-fils dont le père est *in familiâ*, qui est donné en adoption par son *avus*. Justinien fait ici une distinction. Si le père meurt avant l'*avus*, le petit-fils n'aura pas été sous la puissance de l'*extraneus* pour que l'adopté ne soit pas exclu de la succession de son aïeul naturel. Si au contraire l'*avus* meurt avant le père, l'adopté sera sorti de sa famille naturelle et sera tombé sous la *patria potestas* de l'adoptant. En effet, il n'est pas héritier sien et par conséquent n'a aucun droit à la succession de son grand-père, tant que son père vivra ou sera sous la

---

(1) 10 § 1 C. de Adopt.
(2) 10 § 1 C. de Adopt.

puissance du père de famille. Dès-lors on ne le frustre pas d'un droit en le faisant sortir de sa famille naturelle.

Mais Justinien n'a pas remarqué que si cet enfant n'est pas lésé par rapport à la fortune de son grand-père, dont il n'est pas héritier sien, il l'est par rapport à la fortune de son père naturel dont il serait l'héritier sien s'il n'était pas sorti de la famille. Et si le père naturel meurt, *durante adoptione* si plus-tard! le fils adoptif est émancipé, voilà l'adopté sans aucun droit, le voilà privé de toutes ressources, « *nulla spe remanente.* » !

Il y aura donc là un mal irréparable même avec les améliorations de Justinien.

Cette décision n'est pas seulement inique, elle est étrange, bizarre, et on peut presque le dire, anti-juridique.

L'adoption, nous le savons, n'admet ni terme ni condition, or ici nous n'aurons pas précisément une adoption conditionnelle, mais nous aurons une adoption dans laquelle les effets principaux resteront en suspens. De quelle famille l'adopté sera-t-il le membre? Entrera-t-il dans la famille de l'adoptant? Restera-t-il dans sa famille naturelle? Nul ne le sait et ne peut le savoir. Tout dépendra du décès du père. Le père meurt il avant l'avus? L'adopté est resté sous la puissance de son avus. Le père survit-il à l'avus? L'adoptant a acquis la *patria potestas*. La puissance paternelle est donc restée en suspens, elle a été frappée d'une condition; et chose étrange! la Constitution ne dit pas quel est celui de l'avus ou de l'adoptant qui exercera la *patria potestas* pendant ce temps intermédiaire.

Il est vrai que nous voyons dans le § 4 *de Adopt.* aux Instituts, le mot « *maneant* », d'où l'on pourrait induire que Justinien a voulu que l'adopté passât en principe sous la puissance de l'adoptant, sauf à revenir sous la puissance de l'avus au cas de prédécès du père. Mais je ne saurais croire que ce mot « *maneant* » ait une pareille signification. Ce mot me parait dire que dans l'hypothèse de la survie du père à l'avus, les anciens effets de l'adoption seront conservés, mais c'est seulement au décès de l'avus que ces effets pourront être déterminés. Tel me parait être le sens naturel des mots : *si enim patres eos antecedant, maneant omnia jura adoptiva intacta.* La question reste donc entière.

Dans le *principium* de sa loi Justinien tranche une question qui fut controversée. « On doutait autrefois si les enfants donnés en adoption par leur père naturel pouvaient attaquer le testament comme inofficieux. Papinien pense qu'on doit refuser la *querela inofficiosi testamenti*; Paul ne s'est pas prononcé; Martien fait une distinction et pense qu'on doit lui accorder l'action d'inofficiosité dans le cas où le père naturel l'aurait donné en adoption à un homme pauvre. » Justinien se prononce pour l'opinion de Papinien, dans le cas où il maintient les effets de l'adoption.

Le § 3 de cette Constitution supprime la quarte Sabinienne qui attribuait à l'adopté *ex tribus maribus* une quarte dans les biens de l'adoptant. C'était assez juste, puisque le plus souvent l'adopté ne changeait plus de famille et n'avait plus par conséquent de risques à courir.

La Constitution de Justinien ne s'applique pas à l'enfant émancipé qui se donne en adrogation ; cela résulte du § 10. 1. III Inst. qui relate l'ancien droit pour l'adrogation; de plus dans sa Constitution Justinien ne parle que des enfants donnés en adoption.

Nous avons remarqué dans la Constitution de Justinien de bien grandes imperfections. C'est ainsi que jusqu'en 543 l'enfant adopté par un ascendant maternel n'était pas protégé ; c'est ainsi que le § 4 que nous venons d'étudier renferme encore une injustice. Il peut paraître surprenant que Justinien ait laissé se glisser des décisions aussi vicieuses, des maux aussi considérables. Pour nous, cela ne nous étonne pas. Dans cette Constitution, Justinien ne nous paraît pas s'être placé sur le terrain des principes et de la logique ; il a vu des solutions qui blessaient l'équité et alors il y a porté remède sans se préoccuper de savoir s'il n'y avait pas d'autres vices, sans se douter peut-être que son remède était insuffisant et qu'il laissait encore des intérêts en souffrance. Son but a été de concilier l'équité et la loi. Ce qui le prouve surabondamment, ce sont les motifs qu'il met en avant pour justifier sa réforme. Nulle part nous ne trouvons de motifs juridiques, nous trouvons par contre des considérations morales. comme celle-ci : « l'affection naturelle qu'un aïeul porte à son petit-fils ne permet pas qu'on soupçonne l'adoption d'être un jeu. » Il ne faut donc pas s'étonner si à côté des grands avantages apportés par la Constitution, il se trouve encore quelques points défectueux et imparfaits.

TITRE DEUXIÈME.

Adrogation.

L'adrogation est un acte solennel par lequel un citoyen Romain non soumis à la puissance paternelle, un *sui juris* passe avec ses biens et ses enfants sous la puissance de l'adoptant.

CHAPITRE PREMIER.

Formes de l'adrogation.

Les formes de l'adrogation varièrent à Rome avec les diverses formes du pouvoir.

A l'origine l'adrogation se faisait avec le concours des pontifes et du peuple. Il est vrai que Gaïus lorsqu'il énumère les formes de l'adrogation ne mentionne pas l'intervention des prêtres (1); mais Aulu-Gelle contemporain de Gaïus nous parle de l'approbation des pontifes « *arbitris etiam pontificibus* » (2) et Cicéron nous dit aussi que cette approbation est nécessaire.

Pourquoi ce concours du pouvoir civil et religieux ? Une double raison peut en être donnée.

A la différence des peuples modernes les Romains ne comprenaient pas la séparation des pouvoirs civil et religieux ; ils considéraient au contraire l'union de ces pouvoirs comme une institution éminemment sage et utile. C'est ainsi que Cicéron pouvait dire aux pontifes : « Dans ce grand nombre de sages institutions que les dieux inspirèrent à nos ancêtres, il n'en est point de plus belle que cet usage qui veut que vous soyez à la fois les premiers ministres de la religion et de l'Etat. » (3) C'est ainsi qu'Ulpien faisait de la religion une branche du droit public. *Publicum jus in sacris in magistratibus consistit.* (4)

La seconde raison qui est une conséquence de la première, c'est que l'adrogation intéresse à la fois l'Etat et la religion. — L'Etat — en effet l'adrogation s'appliquant à un père de famille, à un homme *sui juris*, faisait disparaître de la cité une famille. La religion était également intéressée. On sait que chaque famille avait à Rome ses dieux et ses sacrifices spéciaux ; le culte privé avait ses cérémonies, ses prières, ses hymnes, il avait ses fêtes

---

(1) G. I. 99.
(2) A. G. Nuits Att. V. 19. — Cic., *pro domo*, 14.
(3) *Pro Domo*, 1. — Fustel de Coulanges, Cité Antique, p. 223 et suiv., 229 et suiv.
(4) *De Justitia et jure.* D. 1 § 2.

« *feriœ privatœ,* » telles que celles de la naissance « *dies natales* » et celles des morts « *dies denicales.* » (¹) « Le père seul interprête et seul pontife de la religion de sa famille avait seul le pouvoir de l'enseigner et ne pouvait l'enseigner qu'à son fils. Les rites, les termes de la prière et les chants qui faisaient partie de cette religion domestique, étaient un patrimoine, une propriété sacrée que la famille ne partageait avec personne, qu'il était même interdit de révéler aux étrangers. » (²) Par la disparition d'une famille par la fusion des deux familles en une seule, les sacrifices de la famille de l'adrogé, seront abandonnés, le culte des dieux sera délaissé. (³)

Il suit de là que dans le pur droit romain l'adrogation ne pouvait se faire qu'avec le concours des pontifes et du peuple.

Elle était précédée d'une enquête confiée aux Pontifes. *In adrogationibus cognitio vertitur* (⁴) Le Pontife devait rechercher si de préférence à l'adrogation on ne devait pas recourir au mariage légitime pour constituer une famille (⁵).

« On a coutume de demander la cause de l'adoption afin que l'adoption n'ait lieu que pour celui qui, suivant les lois et le droit pontifical, cherche à se procurer ce qu'il ne peut plus obtenir de la nature ; et qu'elle soit telle qu'il ne perde rien ni de la noblesse de sa race, ni de sa religion de famille ; c'est surtout pour qu'il n'intervienne ni surprise, ni fraude, ni fourberie; en sorte que cette filiation fictive produite par l'adoption soit autant qu'il est possible une imitation de la filiation naturelle. » (⁶)

---

(1) Cic., *de Legibus*, II. 22.
(2) Fustel de Coulanges, Cité Antique, p. 38.
(3) *Pro Domo*, 13.
(4) 15, § 2, Dig. de Adopt.
(5) 15 § 2, 17 § 3, D. de Ad.
(6) Cic., *pro Domo*, 14.

L'adrogation reconnue bonne par l'enquête s'accomplissait par une loi votée par le peuple dans la réunion des comices par curies (¹).

On demandait dans les comices, à l'adrogeant s'il voulait prendre un tel pour son fils légitime, à l'adrogé s'il voulait le devenir et au peuple s'il voulait consacrer la volonté des parties.

Nous trouvons dans les auteurs les formules de ces interrogations. Cicéron nous indique la question posée à l'adrogé : « *Auctorne es ut in te, P. Fonteius vitæ necisque potestatem habeat, ut in filio* » (²). Aulu-Gelle nous donne la question posée au peuple : « *Velitis jubeatis, Quirites, uti Lucius Valerius Lucio Titio tam jure legeque filius sibi siet quam si ex eo patre matreque familias ejus natus esset ; utique ei vitæ necisque in eo potestas siet, uti patri endo filio est ? Hæc ità ut dixi, ità vos, Quirites rogo* » (³). Et Gaïus I. 98 nous rapporte la question posée à l'adrogeant : « *Interrogatur an velit eum quem adoptaturus sit, justum sibi filium esse.* »

Comme Gaïus, Ulpien parle du consentement donné par le peuple ; mais il est hors de doute que du temps d'Ulpien et du temps de Gaïus le peuple ne se réunissait plus dans ses comices. Les distinctions de race et de famille qui avaient servi à établir cette division s'effaçaient de jour en jour, aussi la remplaça-t-on par 30 licteurs réunis sous la présidence du magistrat. Ce n'était plus qu'une image et qu'un simulacre des anciens comices, « *ad speciem atque ad usurpationem vetustatis adumbrata comitia.* » (⁴)

Cicéron démontre que les curies ne se réunissaient plus

---

(1) G. I. 98. 99.
(2) Cic., pro Domo, 29.
(3) Aul. G. N. Att., V, 19.
(4) Cic. cont. Rull. II. 12.

puisqu'il avait suffi de trois heures pour l'adrogation de Clodius, et Tacite nous dépeint parfaitement le mode de procéder lorsqu'il parle d'une adrogation faite *« lege curiatâ, apud pontifices. »* (¹)

Les formes usitées pour l'adrogation nous indiquent assez que ce genre d'adoption ne pouvait se faire qu'à Rome, car à Rome seulement se réunissaient les comices : *Adrogatio Romœ duntaxat fit.* (²)

L'intervention du peuple ou tout au moins les 30 licteurs représentant le peuple, survécut à la République ; nous avons vu, d'après Tacite que sous l'Empire il fallait encore une *lex curiata.* Cependant Justinien nous dit que l'adrogation se fait par un rescrit du prince, il nous enseigne que l'autorisation de l'Empereur est nécessaire, *« principali rescripto, imperatoris auctoritate. »* (³)

A quel moment s'est opérée cette transformation ? C'est ce que nous ne pourrions préciser, mais on voit dans une Constitution de l'Empereur Dioclétien de 286 que l'adrogation faite en vertu de la bienveillance de l'Empereur *« indulgentia principali »* pourvu qu'elle ait été transcrite dans les actes des magistrats, a la même valeur que l'adrogation faite par le peuple *jure antiquo.* (⁴)

Une Constitution postérieure du même Empereur décide que désormais l'adrogation ne pourra résulter que d'un rescrit impérial. *« Arrogationes nisi ex rescripto principali fieri possunt. »* (⁵)

Il résulte de la même loi que l'adrogation peut se faire non seulement à Rome, mais dans les provinces. C'était une

---

(1) Cic. pro Domo, 16. Tac. Hist. liv. 1. 15.
(2) Ulp. R. VIII. 4.
(3) Inst. Just. de Adopt. 1.
(4) 2 in fine. Cod. de Adopt.
(5) 6 Cod. de Adopt.

conséquence forcée de la suppression de l'adrogation par l'autorité du peuple.

La *cognitio causæ* fut encore nécessaire dans le nouveau droit, mais elle fut attribuée au magistrat à qui le rescrit du prince était adressé. L'intervention des pontifes n'était plus nécessaire puisque le prince était le chef des pontifes.

L'adrogation n'exige pour sa perfection que le consentement de l'adrogeant et de l'adrogé. Ainsi, bien que par le fait de l'adrogation, l'adrogé entre dans la famille de l'adrogeant avec tous les enfants soumis à sa puissance, le consentement de ces derniers n'est nullement nécessaire. Si l'adrogé entre dans la famille adoptive comme petit-fils de l'adrogeant, il faut distinguer s'il y entre sans un père désigné ou comme enfant d'un fils de l'adrogeant (1). Dans ce dernier cas, le consentement du fils de l'adrogeant est nécessaire, en vertu du principe : « *nemini invito hæres agnascatur.* »

Claude a décidé que les mineurs de 25 ans ne pourraient être adrogés sans le consentement de leur curateur. (2)

L'adrogation étant un acte solennel ne pouvait être faite par procureur. (3)

De même l'adrogation n'admettait ni terme, ni condition. Paul nous indique le motif que fit valoir Labéon à l'appui de cette solution « nos mœurs ne comportent pas que nous ayons un fils pour un temps. 34 D. de Ad. » en d'autres termes la paternité ne saurait être temporaire ou conditionnelle.

D'où vient le nom *adrogatio* ou *arrogatio* ? Si nous en croyons Aulu-Gelle dont l'avis est partagé par Pothier ce

---

(1) 6 Dig. de Adopt.
(2) Dig. de Adopt.
(3) 24. 25. Dig. de Adopt.

nom viendrait de la question posée au peuple dans ses comices : *Adrogatio autem dicta quia genus hoc in alienam familiam transitus per populi rogationem fit.* Quant à Gaïus il prétend (I. 99) que ce nom serait venu des trois interrogations successives posées à l'adrogeant, à l'adrogé et au peuple. Quoiqu'il en soit, la question ne présente pas d'intérêt pratique, et les deux éthymologies peuvent se justifier.

CHAPITRE II.

Conditions de l'Adrogation.

Dans l'adoption ordinaire nous avons du examiner les conditions requises chez l'adoptant, l'adopté et celui qui donne en adoption. Ici nous n'aurons à nous occuper que de deux personnes ; pourquoi ? C'est qu'à la différence de l'adoption qui s'exerce sur une personne *alieni juris*, l'adrogation ne regarde que les personnes maîtresses d'elles-mêmes, les chefs de famille, les *sui juris*. Nous étudierons donc les conditions requises chez l'adrogeant et chez l'adrogé.

SECTION I. — *De l'Adrogeant.*

Pour pouvoir adroger, il fallait réunir toutes les conditions exigées de l'adoptant ordinaire, mais il est en outre certaines conditions exigées de l'adrogeant.

La *cognitio causæ* dont nous avons parlé, l'enquête confiée d'abord aux pontifes, puis à des agents du prince servait à rechercher si toutes les conditions étaient remplies.

« *In adrogationibus cognitio vertitur, num forte minor sexaginta annis sit qui adrogat ; quia magis liberorum creationi studere debeat : nisi forte morbus aut valetudo in causa sit, aut alia justa causa adrogandi : velut si conjunctam sibi personam velit adoptare* ([1]). »

([1]) 15 § 2. Dig. de Adopt.

« *Præstereà videndum est, an non debeat permitti ei, qui vel unum habebit, vel plures liberos, adoptare alium : ne aut illorum, quos justis nuptiis procreavit, deminuatur spes, quam unusquisque liberorum obsequio parat sibi : aut qui adoptatus fuit, minus percipiat, quam dignum erit eum consequi* (¹). »

Le même motif ne permettait pas d'adroger plusieurs enfants sans une juste cause.

Comme pour l'âge, ici encore la rigueur des principes paraît fléchir dans certains cas, mais nous voyons que les raisons qu'on invoquait, devaient être trouvées justes.

« On ne permet pas non plus, dit le principium de la loi 17, à un tuteur ou à un curateur d'adroger ceux dont il a géré les biens tant qu'ils sont mineurs de 25 ans, de peur qu'il ne les adopte pour n'être pas obligé à rendre compte. »

SECTION II. — *De l'Adrogé.*

La première condition requise chez l'adrogé, c'est la condition de citoyen romain *sui juris*, c'est-à-dire qu'il faut être libre de toute puissance.

Il fallait encore, lorsque l'adrogation se faisait par une *lex curiata*, pouvoir assister à la réunion des comices. Les femmes ne pouvaient entrer dans les comices par curies, elles ne pouvaient donc être adrogées (²); il en était de même des habitants des provinces, car les comices par curies ne se tenaient qu'à Rome (³).

Comment se fait-il que Gaïus qui, dans son Commentaire nous dit que la femme ne peut être adrogée « *per populum feminæ non adoptantur* », nous dise au Digeste

---

(1) 17 § 3. Dig. de Adopt.
(2) § 101. Gaïus. I.
(3) § 100. G. I.

que les femmes ont cette faculté « *Nam et feminæ ex rescripto principis adrogari possunt*. 21 de Adopt. » ? Cette contradiction ne peut s'expliquer que par une modification apportée au texte de Gaius par les Commissaires de Justinien. Ce qui le prouve jusqu'à la dernière évidence c'est que Gaius, qui, dans son Commentaire, ne parle jamais de l'adrogation par le prince en parlerait dans son livre des Règles ; et du temps de Gaius il est certain que l'adrogation s'opérait encore au moyen d'une *lex curiata*.

Ce n'est pas la seule correction que nous trouvons dans notre titre au Digeste. Dans la loi 2 § 2 qui est la reproduction du § 107 G. I, les Commissaires ont substitué les mots « *quæ per principem fit* » aux mots « *quæ per populum fit* » que porte le manuscrit de Vérone. De même le principium de cette loi porte la même altération « *principis auctoritate* » au lieu de « *populi auctoritate* » que porte le § 98 du manuscrit.

D'ailleurs l'interdiction qui frappait la femme n'existe plus sous Justinien ; elle avait même disparu sous Dioclétien qui dans une Constitution insérée au Code (1), dit en propres termes que la femme peut être adrogée.

Nous dirons aussi que les habitants des provinces purent être adrogés, dès qu'il ne fut plus nécessaire de recourir aux comices (2).

L'adrogation des mineurs de 25 ans pouvait entraîner la spoliation complète du mineur qui disposerait de lui-même sans trop prévoir les conséquences de son acte. Dans le principe pourtant, le mineur pouvait se donner en adrogation, mais Claude exigea le consentement d'un curateur (3) ; et Justinien, a décidé que si le mineur avait

---

(1) 8 C. de Adopt.
(2) 6 C. h. tit.
(3) 8 D. h. tit.

plusieurs curateurs, il devait obtenir le consentement de tous (¹). D'ailleurs le mineur qui avait subi un préjudice, pouvait invoquer la *restitutio in integrum* (²).

Nous examinerons dans un chapitre spécial, quand et à quelles conditions l'impubère peut être adrogé.

Un affranchi pouvait-il être adrogé? Ulpien nous enseigne (15, § 3, D. de Ad.) qu'on ne pouvait adopter un affranchi étranger. Voici sur ce point ce que dit Adulu-Gelle : « Massurius Sabinus a écrit que l'affranchi pouvait être adopté par un homme libre, mais il ajoute aussitôt qu'on ne permet jamais et même qu'il n'est pas convenable de permettre que des affranchis prennent la place d'un enfant libre, par leur adoption dans une famille. »

Une autre raison existait pour empêcher cette adrogation. Si l'affranchi avait acquis les droits d'un ingénu, en même temps le patron aurait perdu ses droits de patronage.

Sous Dioclétien, l'adrogation de l'affranchi par son patron fut autorisée, pourvu qu'elle fut basée sur de justes motifs. C'est ce qui résulte de la loi 3, C. de Adopt. L'empereur refuse de sanctionner l'adrogation d'un affranchi par son patron, parce que le patron n'avait donné aucune bonne raison à l'appui de sa demande, d'où l'on conclut que si la demande avait été justifiée, l'adrogation aurait été permise.

L'adrogation de l'affranchi par un autre que son patron resta toujours interdite, afin que le patron ne fut pas lésé dans son droit et ne perdit pas les services que lui devait son affranchi.

Mais il se peut que l'affranchi ait caché sa qualité et qu'il se soit fait ainsi adroger. Qu'arrivera-t-il dans ce cas? L'adrogation vaudra, mais le patron ne perdra pas ses

---

(1) 5 C. de Auct. præst.
(2) 3 § 6. D. de Min. 25 annis.

droits de patronage. C'est ce que nous dit Paul (49 D. de Bon. Libert.) : « *Liberto per obreptionem adrogato, jus suum patronus non amittit* » et Ulpien nous donne la même solution dans la loi 10 § 3 de *in jus vocando*.

J'examinerai à la fin de ce travail, dans un chapitre spécial, si les enfants *ex concubinatu* peuvent être adrogés.

CHAPITRE III.

Effets de l'adrogation.

L'effet principal de l'adrogation est de faire qu'un père de famille devienne fils de famille. Lorsqu'un fils de famille est donné en adoption, c'est un membre d'une famille qui entre dans une nouvelle famille, il y entre seul ; il en est autrement du père de famille. Le père de famille a des enfants sous sa puissance, il a des biens qu'il régit ; lorsqu'il se donne en adrogation, lorsqu'il entre dans une nouvelle famille, il n'y entre pas seul, il y entre avec les personnes qui lui sont soumises, il y entre avec ses biens. Nous étudierons dès lors l'effet de l'adrogation quant aux personnes soumises au père de famille, et l'effet de l'adrogation quant aux biens.

SECTION I. — *Effets de l'adrogation quant aux personnes.*

Je ne reviendrai pas sur les effets que nous avons énumérés à propos de l'adoption proprement dite, et qui se rattachent à cette idée que l'adrogé est entré dans une nouvelle famille. Je me borne à étudier les effets propres à l'adrogation.

L'adrogé entre dans la famille de l'adrogeant avec les enfants qu'il a sous sa puissance ; c'est ce que nous dit

Gaïus : « *Hoc vero proprium est ejus adoptionis quæ per principem fit : quod is qui liberos in potestatem habet, si se adrogandum dederit ; non solum ipse potestati adrogatoris subjicitur, sed et liberi ejus in ejusdem fiunt potestati, tanquam nepotes* » (¹). Modestin et Julien nous disent la même chose (²). Et il ne faut pas distinguer si les enfants qui sont sous la puissance de l'adrogé sont ses enfants naturels ou ses enfants adoptifs, peu importe, dans l'un et l'autre cas les enfants en puissance deviendront les petits enfants de l'adrogeant (³).

A l'appui de sa doctrine Justinien (⁴) cite l'exemple d'Auguste. Auguste voulait adopter Tibère pour son fils, mais il désirait en même temps avoir Germanicus pour petit-fils; aussi pria-t-il Tibère d'adopter d'abord Germanicus ; et ensuite Auguste adopta Tibère, de telle sorte que par le même acte Tibère devint son fils et Germanicus son petit-fils.

SECTION II. — *Effets de l'adrogation quant aux biens.*

Les effets de l'adrogation ont varié avec les diverses époques du droit. Sous Justinien ils n'étaient plus les mêmes que dans le Droit classique. Le principe toutefois n'a pas varié. Il résulte de l'adrogation une acquisition en masse des biens de l'adrogé au profit de l'adrogeant. Gaius et Justinien qui énumèrent chacun des effets différents posent le principe dans les mêmes termes (⁵). Ce mode d'acquisition ne résulte ni de la loi des XII Tables, ni de l'édit du Préteur, il découle de l'usage. Cette coutume

---

(1) 2 § 2. D. de Ad.
(2) 40 princ. 27. D. de Ad.
(3) 40 princip. h. t.
(4) 11 Inst. de Adopt.
(5) G. § 82. 83. III. — Just. Inst. § 4. 10. III.

d'ailleurs s'appuyait sur les principes mêmes de la puissance paternelle et résultait de l'interrogation adressée au peuple dans les comices « *quam si ex patre matreque familias ejus natus esset* (¹). » Papinien dans ses Questions énonce le principe d'une manière très originale : « *cum capite fortunas quoque suas in familiam et domum alienam transfert.* » (11 § 2 Dig. de Bon. poss. cont. tab.).

Puisqu'il s'opère une véritable acquisition *per universitatem*, il en résulte que l'adrogeant n'acquiert pas seulement l'actif de l'adrogé, mais encore son passif. Nous allons donc examiner successivement comment s'acquiert l'actif et comment s'acquiert le passif.

ACQUISITION DE L'ACTIF. 1° *Droit classique.* — Tous les biens de l'adrogé passaient à l'adrogeant, que les biens fussent corporels ou incorporels. L'adrogeant acquerra donc les actions et les créances de l'adrogé, il acquerra aussi la propriété et même la possession (²). Comment se fait-il que l'adrogeant acquierre la possession alors que l'héritier ne l'acquiert que s'il possède naturellement ? (³).

La situation n'est pas absolument la même dans les deux cas. L'adrogé qui possédait en son nom avant l'adrogation, possède après l'adrogation au nom de son père, et l'adrogeant devient possesseur par l'intermédiaire de l'adrogé ; on peut donc considérer l'adrogé comme possédant pour le compte de l'adrogeant, et la loi 18 de acquir. possess. autorise dans son principium une telle possession : *nam possidet cujus nomine possidetur*. Il n'en est pas de même dans le cas d'une hérédité. Le possesseur est mort, la possession est vacante, personne ne possède plus matériellement, il faut donc pour que la possession soit acquise

(1) A. G. V. 19.
(2) 16 D. de Precario.
(3) 23 princ. D. de acqui. poss.

à l'héritier qu'il y ait une prise effective de la possession. (1)

Il est cependant des droits qui ne passeront pas à l'adrogeant, ce sont les droits qui périssent par la *minima capitis deminutio*. Les droits d'agnation s'éteindront, ces droits en effet ne survivent pas à une *capitis deminutio*; l'adrogé ne sera plus appelé comme agnat aux successions qu'il aurait acquises autrefois, il ne supportera plus comme agnat le fardeau de la tutelle.

Il en est de même des droits d'usufruit et d'usage, et des *operarum obligationes*. Qu'étaient-ce que ces *operarum obligationes* ? Il faut supposer que l'adrogé avait des affranchis; l'adrogé avant l'adrogation demandait à l'esclave qu'il voulait affranchir, de s'engager par serment à lui rendre certains services. L'esclave faisait un serment, mais ce serment n'avait qu'une force religieuse car entre le maître et l'esclave, il ne pouvait y avoir d'obligation valable. Mais après l'affranchissement, l'esclave renouvelait sa promesse soit par stipulation soit par un nouveau serment; dès lors la promesse avait une force légale, et c'est ce qu'on appelait les *operæ officiales*. Si l'affranchi s'était loué pour remplir certains ouvrages, ce serait alors les *operæ fabriles* (2). Les *operæ officiales* s'éteignaient seules par une *minima capitis deminutio*, les *operæ fabriles* subssistaient. Les services (*operæ officiales*) ont été promis par l'affranchi au patron en reconnaissance du bienfait de l'affranchissement, il n'était pas juste que l'adrogeant en profite; quant au louage d'ouvrage *(operæ fabriles)*, il importe peu que l'affranchi s'en acquitte envers son patron l'adrogé ou envers l'adrogeant.

La créance de l'adstipulator n'étant pas susceptible de

---

(1) Vinnius sur le § 1. Inst. de Acquis. per Adrog.
(2) Cujas sur les Instituts de Acquisit. per adrog.

transmission au père s'éteignait par la *minima capitis deminutio*. (G. III. § 114).

Les créances qui avant l'adrogation avaient été de la part de l'adrogé, l'objet d'une liaison d'instance dans un *judicium legitimum* ne passent pas à l'adrogeant (1). Si donc l'instance engagée contre le débiteur par celui qui se donne en adrogation réunit les conditions posées par Gaïus dans le § 104 IV. Comm. l'adrogeant ne pourra poursuivre le procès.

Quant aux pécules *castrense* et *quasi-castrense*, que l'adrogé acquérait lorsqu'il était sous la puissance de l'adrogeant, ils appartenaient en toute propriété à l'adrogé, et le père adrogateur n'avait sur eux aucun droit.

2° DROIT DE JUSTINIEN. — Sous Justinien le principe est le même, l'adrogeant acquiert tous les droits de l'adrogé qui ne sont pas détruits par une *minima capitis deminutio*, mais les effets sont différents parce que les droits qui périssent par la *minima capitis deminutio* sont moins nombreux. L'*ususfructus* et l'*usus* ne sont pas détruits (2), ils passeront donc à l'adrogeant. Il semblerait résulter de la nature de l'usufruit, que ce droit s'éteindrait à la mort de l'usufruitier qui est devenu l'adrogé, cependant Justinien a décidé que le droit ne s'éteindrait qu'avec le dernier mourant de l'adrogeant ou de l'adrogé (3).

Et comme sous Justinien à cause du développement des pécules, tout ce qui est acquis par un fils de famille, *aliundè quam ex re patris* n'appartient plus au père, il arrivera que l'adrogé ne perdra pas les droits qu'il a acquis avant l'adrogation, car il les a acquis *aliundè quam ex re patris*. Il en sera donc propriétaire, et l'adrogeant

---

(1) § 83 G. III Comm.
(2) 16. 17. C. 3. 33.
(3) 17. C. 3. 33.

n'en aura que l'usufruit, si toutefois ces biens sont de nature à former un pécule adventice. « Cependant ajoute Justinien, si le fils adrogé meurt dans la famille adoptive, la propriété elle-même passe à l'adrogeant, à moins qu'il ne survive quelqu'une de ces personnes qui d'après notre Constitution, sont préférées au père, sur les choses non susceptibles de lui être acquises. » [1]

Justinien ne parle plus du droit résultant du *judicium legitimum*, c'est que de son temps il n'existe plus de *judicia legitima*, l'instance est toujours réglée comme l'ancien *judicium imperio continens*.

TRANSMISSION DU PASSIF. — Que deviennent les dettes de l'adrogé? Pour répondre à cette question nous aurons à nous placer aux diverses époques du droit, et nous devrons tout d'abord faire une distinction entre les dettes provenant d'une succession échue à l'adrogé, et les dettes qui ont pris naissance dans la personne de l'adrogé.

DROIT CLASSIQUE. — 1° *Dettes héréditaires*. — Si l'adrogé a acquis une hérédité depuis l'adrogation avec le *jussus patris adoptivi*, il ne saurait y avoir de difficulté, l'adrogeant acquiert à la fois l'actif et le passif de l'hérédité.

Mais si un *paterfamilias* fait addition d'hérédité et se donne ensuite en adrogation, il semblerait que les dettes provenant de l'addition d'hérédité, c'est-à-dire du fait de l'adrogé, devraient être traitées comme les dettes contractées par l'adrogé, c'est-à-dire qu'elles ne devraient pas passer à l'adrogeant. Telle n'est pas cependant l'opinion de Gaïus (III § 84 princip). Les dettes héréditaires ne se sépareront pas de l'actif héréditaire, elles passeront à l'adrogeant avec l'actif; l'adrogé cesse d'être héritier, il cesse d'être débiteur des dettes héréditaires. En un mot tout se ramène à cette idée; l'adrogeant devient héritier.

[1] Inst. § 2 de Acquis, per Adrog.

On pourrait à la rigueur justifier cette doctrine en disant que l'adrogation contient une ratification tacite de l'adition, de telle sorte que l'adrogé aurait fait adition *jussu patris adoptivi*.

2° DETTES AYANT PRIS NAISSANCE DANS LA PERSONNE DE L'ADROGÉ. — Il faut encore ici sous-distinguer suivant que les dettes proviennent d'un délit ou d'un contrat.

§ 1. *Dettes provenant d'un délit.* — Ces dettes subsistent civilement à la charge de l'adrogé ; le Droit Civil lui-même l'admet. Le Préteur ne fit que sanctionner le Droit Civil : « *Nemo delictis exuitur, quamvis capite minutus sit*, dit Ulpien (¹). » La personne qui a commis une faute la doit toujours réparer ; cela est conforme aux règles de la justice.

§ 2. *Dettes provenant d'un contrat.* — L'adrogeant n'était pas tenu des dettes de l'adrogé antérieures à l'adrogation. Il en est différemment de l'héritier qui acquiert les actions tant actives que passives de son auteur. C'est que si l'héritier représente la personne de son auteur il n'en est pas de même de l'adrogeant. L'adrogeant acquiert les droits d'un père de famille, mais aussi il n'est tenu que des devoirs qui obligent le père de famille ; or un père de famille n'est point tenu en principe des dettes de son enfant, le père ne peut être poursuivi en cette qualité que par l'action *de peculio*. Quant à l'adrogé l'effet de la *minima capitis deminutio* était d'anéantir sa personne civile et d'éteindre toutes les obligations dont il était tenu. Il restait toutefois tenu d'une obligation naturelle (²), et par conséquent le créancier pouvait encore agir si sa créance était garantie par une hypothèque ou des fidéjusseurs (³).

---

(1) 2 § 3 D. de Capit. min.
(2) 2 § 2 de Cap. min.
(3) 14 § 1 D. de pign. et hyp. — 60 de fidej.

Le Préteur a trouvé cette solution inique et il l'a corrigée. Nous trouvons au Digeste (2 § 1 de Cap. min.) les termes mêmes de l'Edit : *Ait prætor : Qui, quæve posteaquam quid cum his actum contractumve sit, capite deminuti deminutæve esse dicentur, in eos easve, perindè quasi id factum non sit judicium dabo.*

Gaïus nous explique comment les choses se passaient. Le Préteur donnait contre l'adrogé une action utile par laquelle on le considérait comme s'il n'avait pas été *capite minutus*, « *rescisâ capitis deminutione.* » (§ 84. III). On arrivait à ce résultat au moyen d'une fiction que le magistrat introduisait dans la formule « *introducta est contra eum actio utilis, rescisâ capitis deminutione, id est in quâ fingitur capite deminutus non esse.* 38, IV. G. »

Avant l'adrogation le débiteur était *sui juris*, il pouvait répondre aux actions dirigées contre lui, maintenant qu'il est *alieni juris* ; les biens qui étaient sa propriété ont passé à l'adrogeant, le recours accordé par le préteur était donc illusoire! Il l'eut été si le préteur n'avait fait un pas de plus. Gaïus (3 § 84 *in fine*) nous apprend que l'adrogeant pouvait se constituer défendeur et dans ce cas son nom figurait dans la *condemnatio*. S'il refusait de défendre l'adrogé, les biens acquis par l'adrogation étaient vendus et le prix en était distribué aux créanciers. Le résultat ainsi obtenu par le Préteur est appelé dans les textes *restitutio* [1]. Mais c'est une restitutio qui diffère de la restitutio ordinaire. Ainsi l'exercice de la *restitutio in integrum* était limitée dans le Droit classique à une année utile à partir de la majorité, plus tard à 2, 4 ou 5 ans continus suivant les lieux et à 4 années continues depuis Justinien; notre restitutio au contraire était perpétuelle. De même les termes de l'Edit ne

---

(1) Gaïus III § 84 et loi 2. Dig. de Cap. min.

font pas mention de la connaissance, de cause qui était exigée dans la *restitutio in integrum* ordinaire.

L'Edit, nous l'avons vu, ne s'occupait que des créanciers qui auraient traité avant la *capitis deminutio*. Quant à ceux qui ont contracté après la *capitis deminutio*, ils ne peuvent se plaindre, ils n'ont qu'à s'en prendre à eux-mêmes de ne s'être pas informés du statut de leur débiteur.

En principe, je l'ai dit, le fils de famille ne pouvait engager son père de famille. Dans un cas, le Droit Prétorien avait donné une action contre le père, c'était lorsque le père avait permis au fils d'avoir un pécule. Le Préteur accordait contre le père une action directe qui ne devait pas dépasser la valeur du pécule. Cette action de *peculio* fut étendue aux dettes que l'adrogé avait contractées avant l'adrogation ; mais cette solution n'était pas admise par tout le monde (¹).

Les Sabiniens, notamment Sabinus et Cassus ne voulaient pas admettre l'action *de peculio* dans cette hypothèse. Ils se basaient sans doute sur la nature du pécule pour défendre leur doctrine. Qu'était-ce que le pécule ? Le pécule était une certaine portion de biens dont la loi laissait la propriété et la jouissance à un fils de famille, à une personne *alieni juris* ; l'idée d'un pécule et l'idée d'une personne *alieni juris* sont inséparables ; on ne pouvait donc parler d'un pécule acquis par un paterfamilias. C'est bien ainsi que l'entend Julien dans la loi 19 D. *de mortis causâ donat*. Ce jurisconsulte accorde l'action *de peculio* à un donateur lorsque le donataire est fils de famille, il la refuse si le donataire est *sui juris*.

Les Proculéiens admettaient la doctrine contraire et Ulpien leur donne raison : *in adrogatorem de peculio actionem quidam rectè putant*.

(1) 42 de Peculio.

Pour justifier cette doctrine on peut faire valoir deux raisons. Le père qui adroge une personne semble par cette adrogation ratifier tous les actes de l'adrogé ; et puis ne peut-on pas dire que l'adrogeant est censé avoir toujours eu sur l'adrogé la puissance paternelle ; ne peut-on pas « recourir à une fiction rétroactive, quant à l'existence de la puissance paternelle, et traiter comme un pécule le patrimoine ancien de l'adrogé, patrimoine qui, par l'effet de l'adrogation est venu se fondre dans la fortune de l'adrogeant? (1) » Quelques peu fondées que paraissent ces raisons qui seules pourraient justifier la décision des Proculéiens, il est certain que cette dernière opinion avait prévalu.

Les créanciers avaient donc le choix entre deux actions. Ils pouvaient d'abord attaquer l'adrogé, et si l'adrogeant ne venait pas le défendre, se faire envoyer en possession des biens que l'adrogation lui avait fait acquérir. Ils pouvaient encore poursuivre directement le père par l'action *de peculio*. Il pouvait être intéressant pour les créanciers d'agir par l'action utile plutôt que par l'action *de peculio*. Car des différences importantes séparaient ces deux actions.

L'action *de peculio* est temporaire, elle ne dure qu'une année utile depuis la révocation du pécule, l'action utile est perpétuelle.

Dans l'action *de peculio*, pour calculer les forces du pécule on devait déduire ce que le fils devait au père lors même qu'il ne devrait que naturellement ; c'est ce qui résulte d'un texte de Pomponius (7 D. *Peculio legato..*) « *Si quis creditori suo adrogandum se dederit et agetur de peculio cum adrogatore : idem puto dicendum quod de herede dicitur.* » Les créanciers venant au moyen de l'action utile n'avaient rien à craindre de semblable.

---

(1) Machelard, Obligations Naturelles, p. 333.

Par l'action *de peculio* la condamnation ne dépassait pas le montant de ce que le père adrogateur avait acquis par l'adrogation et de ce qui lui en restait au moment où intervenait la condamnation ; au contraire par l'action utile le Préteur accordait aux créanciers l'envoi en possession de tout ce qui constituerait le patrimoine de l'adrogé, dans le cas où il serait resté *sui juris* « *quæ bona eorum futura fuissent, si se alieno juri non subjecissent, universa vendere creditoribus prætor permittit.* » (1)

Droit de Justinien. — Justinien n'a rien changé en ce qui concernait les dettes héréditaires et les dettes nées de délits ; quant aux dettes provenant de contrats, voici sa décision : « *ipso quidem jure adrogator non tenetur sed nomine filii convenietur ; et si noluerit eum defendere, permittitur creditoribus per competentes nostros magistratus bona quæ ejus cum usufructu futura fuissent, si se alieno juri non subjecisset, possidere et legitimo modo ea disponere.* » (2)

Justinien ne parle pas de *restitutio* et d'actions utiles. L'adrogeant n'est pas tenu *ipso jure*, mais il peut être poursuivi au nom de son fils. Dès lors, ou bien il prendra la défense de son fils et sera responsable, ou bien le fils sera condamné et les créanciers envoyés en possession. Que signifient les mots « *ipso jure ?* » Cujas (3) prétend qu'ils signifient « *prætorio jure.* » Je crois plutôt avec Vinnius (4) qu'ils signifient en droit écrit « *merâ et strictâ ratione juris.* » Celui-la seul qui a contracté est tenu personnellement (*personali actione*), à son défaut son héritier ; l'adrogeant n'a pas

---

(1) III. G. 84 *in fine*.
(2) Inst. III. 10 § 3.
(3) Comment. des Inst. sur le tit. 10, liv. 3.
(4) Comment. des Inst. III de Acquis. per adrog.

contracté et on ne peut dire de lui ce qu'on dit de l'héritier : « *suscepit personam defuncti.* »

Pour en finir avec ce qui concerne les dettes, je vais étudier la loi 45 D. de Adopt., que les anciens interprètes rattachent à cette matière.

Onera ejus qui in adoptionem datus est, ad patrem adoptivum transferuntur nous dit Paul.

Cujas entend par *onera* les dettes de l'adrogé (¹); c'est bien aussi l'avis de Pothier qui dit : Ce n'est pas de droit que les dettes de l'adrogé passent à l'adrogeant, mais parce qu'on donne à ses créanciers action sur son pécule (²).

Cette interprétation a été combattue avec raison par MM. Pellat (³) et Machelard (⁴). Pour se convaincre de l'erreur des deux grands Romanistes, il suffit de rapprocher notre loi 45 de la loi 56 §§ 1 et 2 de *jure dot.* qui appartient au même jurisconsulte (⁵).

Les *onera* de la loi 45 ne sont pas les *onera æris alieni*, mais bien les *onera matrimonii*. Là où est la dot, là se trouvent les charges du mariage, dit Paul dans la loi 56 § 1 de *jure dot.*, mais à l'inverse les charges du mariage doivent être là où se trouve la dot. Les charges du mariage, c'est-à-dire l'entretien de la femme et des enfants sont les charges auxquelles doit subvenir la dot fournie au mari. Ces charges sont inhérentes à la dot, elles la suivront donc en quelques mains qu'elle se trouve, et comme l'adrogeant acquiert *per universitatem* les biens fournis à titre de dot,

---

(1) T. V., p. 158 et 159.
(2) Sur les Pandectes, titre de Adop., 29.
(3) Textes sur la dot, p. 253.
(4) Obligations Naturelles, p. 331, 332.
(5) M. Demangeat dans son ouvrage de *fundo dotali*, p. 139, entend ce texte dans le même sens que MM. Pellat et Machelard.

les charges du mariage passeront à l'adrogeant. C'est précisément ce que dit Paul dans la loi 45 de Adopt.

CHAPITRE IV.

Adrogation des impubères.

Les impubères fils de famille purent toujours être donnés en adoption (G. I § 102 in fine). Les impubères *sui juris* ne pouvaient à l'origine se donner en adrogation (1). Pourquoi cette prohibition ? L'adrogation se faisait autrefois dans les comices, et le pupille en était exclu ; cette raison vint à disparaître, mais il en existait d'autres. Aulu-Gelle dit que la loi ne donne pas au tuteur sur son pupille assez d'autorité pour livrer à des mains étrangères l'enfant libre confié à ses soins. Ce motif d'Aulu-Gelle ne me paraît pas exact, il est contredit par Ulpien (17 § 1 D. de Adopt.) qui suppose au contraire un impubère donné en adrogation avec le consentement du tuteur. « Il faut empêcher que de pareilles adoptions ne donnent aux tuteurs la facilité de faire finir la tutelle à leur gré, et de rendre caduques les substitutions faites par le père. » Ce dernier motif resta dans toute sa vigueur et l'adrogation des impubères fut défendue en règle générale.

Cependant s'il faut en croire Gaïus (102. I) elle fut quelquefois autorisée. « *Impuberem apud populum adoptari aliquandò prohibitum est, aliquandò permissum est.* »

Ce fut sous Antonin le Pieux que l'adrogation des impubères fut législativement autorisée, mais elle fut soumise à des règles particulières qui exigent un assez long développement.

(1) Ulp. Reg. 8. 5. — A. G. N. Att. V. 19.

Le texte de l'Edit n'a pas été conservé, mais nous trouvons dans les ouvrages des jurisconsultes des dispositions nombreuses qui nous permettent d'étudier cette matière.

Et d'abord une enquête était nécessaire, enquête sérieuse, approfondie, faite par le magistrat. Cette enquête n'est pas celle dont nous avons parlé à propos de l'adrogation. Les questions à examiner dans notre matière étaient plus nombreuses, plus graves et surtout plus délicates. Il ne s'agissait pas ici de l'intérêt de l'Etat, l'objet des préoccupations du législateur était l'intérêt pécuniaire et moral de l'impubère.

« Il faudra examiner d'abord les facultés du pupille et
« de celui qui veut adroger ; en les comparant ensemble
« on verra si l'adrogation peut être utile au pupille. En-
« suite on examinera les mœurs de celui qui veut adro-
« ger. En 3e lieu on fera attention à son âge, pour juger
« s'il n'est pas plus utile qu'il cherche à se procurer des
« enfants naturels qu'à en tirer d'une famille étran-
« gère. (1)

« On peut quelquefois permettre d'adroger un impubère
« plus riche que soi, cela dépend de la bonne conduite
« et de l'amitié connue de celui qui adopte. (2)

« Mais en général on ne doit permettre d'adopter des
« pupilles qu'à leurs parents ou en considération d'un
« attachement (3). »

Le magistrat doit demander aux plus proches parents leurs avis (4).

L'auctoritas tutoris était-elle nécessaire? S'il faut en croire

---

(1) 17 § 2 D. de Adop.
(2) 17 § 4 Dig. de Adopt.
(3) 17 § 1. Dig. de Adopt.
(4) 2. C. de Adopt.

Aulu-Gelle, le tuteur n'avait pas le droit de consentir à l'adrogation, mais nous venons de dire qu'Ulpien était en contradiction formelle avec Aulu-Gelle. Il est pour nous évident que l'auctoritas tutoris était nécessaire. Ulprien qui énumère les points sur lesquels devait porter l'enquête ne dit pas, il est vrai, positivement que cette auctoritas était nécessaire, mais cela résulte de la loi 17 § 1 *in fine*. Cette solution résulté encore d'une Constitution de 531 (5 Cod. de Auct. prœst.) Justinien tranchant une ancienne controverse décide dans cette Constitution, que si plusieurs tuteurs existent, le consentement d'un seul suffit toujours à moins qu'il ne s'agisse d'un pupille qui se donne en adrogation ; dans ce cas le consentement de tous les tuteurs est nécessaire.

Si le résultat de l'enquête est favorable à l'adrogeant, l'adrogation aura lieu, mais comme celui qui adroge un impubère ne doit point chercher à réaliser un bénéfice, de nouvelles conditions sont exigées, les unes dans l'intérêt de l'impubère, les autres dans l'intérêt de certains tiers.

I *Conditions exigées dans l'intérêt de certains tiers.*

Marcellus (18 Dig. de Adopt.) nous indique la condition exigée dans l'intérêt de certains tiers. L'adrogeant doit promettre *servo publico se restituturum ea quœ ex bonis ejus consecutus fuerit, illis ad quos res perventura esset, si adrogatus permansisset in suo statu.* Mais quelles sont ces personnes qui auraient hérité sans l'adrogation ? Ce sont incontestablement ses plus proches agnats. En effet l'impubère ne pouvant avoir d'enfants ses plus proches agnats seraient sans l'adrogation ses héritiers les plus proches.

Mais l'adrogation ne nuisait-elle qu'à des héritiers *ab intestât ?* L'impubère ne pouvait tester, mais son père pouvait tester pour lui, et si le père a usé de ce droit les héritiers testamentaires qu'il lui aura donnés sous le nom de substitués pupillaires, et avec eux peut-être des légataires et des fidéicommissaires, auront éprouvé un préjudice par suite de l'adrogation.

Voilà donc les personnes lésées. Mais ces personnes pouvaient-elles agir ? Avaient-elles une action ? Non; elles ne pouvaient pas agir par revendication, puisque l'adrogeant est légitime propriétaire ; elles ne pouvaient agir par une action utile personnelle, puisqu'aucun contrat n'était intervenu entr'elles et l'adrogeant. Le Préteur voulut alors qu'un contrat intervint entre ces tiers et l'adrogeant. Mais comment cela se pouvait-il ? En Droit Romain on ne pouvait stipuler pour autrui et dans l'espèce une des parties contractantes était seule connue, quant aux héritiers qui devaient venir recueillir les biens au décès de l'impubère, nul ne pouvait les connaître, l'adrogeant ne pouvait donc s'obliger valablement. « La difficulté fut résolue par un expédient, plus ingénieux que logique, véritable rouerie de praticien, mise au service d'un besoin réel et d'une idée sensée (1) ».

On imagina de rendre l'obligation de l'adrogeant efficace par l'intermédiaire d'un esclave public. Un esclave acquiert pour son maître ; lorsqu'un esclave appartient à plusieurs maîtres il peut acquérir à l'un de ses maîtres en le désignant. L'esclave est, *en quelque sorte*, une chose publique, il appartient *en quelque sorte* à tous les citoyens; il peut donc acquérir à un ou plusieurs citoyens en particulier. J'ai dit, en quelque sorte, car tout ceci n'est pas parfaitement exact. L'esclave public a un maître moral, il est sous une personne morale, la cité, il ne peut être assimilé

---

(1) Accarias, Précis de Droit Romain, t. I, p. 221.

à un esclave qui a plusieurs maîtres ; les conséquences que nous avons tirées ne sont donc pas rigoureusement exactes; et si on faisait intervenir un esclave public, c'était seulement un expédient, un acte d'utilité pratique. Aussi l'action accordée aux héritiers de l'impubère était-elle une action utile (1).

L'esclave public par l'intermédiaire duquel on faisait faire ces stipulations tenait les registres publics (*tabulæ*), il était appelé *tabularius*.

Arcadius et Honorius exigèrent plus tard que ces fonctions fussent données à un homme libre (2) ; cette décision fut confirmée par Justinien. Il est très-important de remarquer que la stipulation faite par la personne publique peut bénéficier à des personnes qui n'étaient pas conçues au moment de cette stipulation. C'est une dérogation à ce principe que pour profiter d'un droit il faut être né ou tout au moins conçu au moment de la naissance de ce droit.

La promesse de l'adrogeant était rendue efficace au moyen d'une caution 19 D. de Ad. — Ulpien nous dit que si la caution n'avait pas été donnée on accordait encore contre l'adrogeant une action utile *ex stipulatu* (19 § 1).

II *Conditions établies dans l'intérêt de l'impubère.*

Pour examiner ces conditions je me placerai successivement dans quatre hypothèses.

1° L'adrogé est émancipé impubère, 2° il est exhérédé impubère, 3° il meurt impubère, 4° il a atteint la puberté sans être sorti de la puissance de l'adrogeant.

1° L'ADROGÉ EST ÉMANCIPÉ IMPUBÈRE. — On ne veut pas

---

(1) 40 de Dig. de Vulg. et pupill. substit.
(2) 3 C. de Tab.

que l'émancipation procure un bénéfice à l'adrogeant, on ne veut pas aussi que par méchanceté ou sans de justes motifs l'adrogeant puisse enlever à l'adrogé les espérances qu'il avait pu fonder sur la succession de son père adoptif. Tels sont les motifs qui ont inspiré le législateur.

L'adrogeant avait-il de justes motifs d'émanciper l'adrogé ? L'adrogé recouvrera tous ses biens personnels, non seulement ceux qu'il avait avant l'adrogation, mais encore ceux qu'il a pu acquérir à l'adrogeant pendant l'adrogation (1). L'adrogé ne peut rien réclamer au-delà.

Mais si l'émancipation a été faite sans de justes motifs l'adrogé aura le droit de recouvrer les biens dont nous venons de parler, mais il aura en outre un autre droit fort important, c'est le droit de venir à la succession de l'adrogeant pour un quart. C'est ce qu'on appelle la *quarte Antonine* du nom d'Antonin le Pieux qui l'a établie.

Qui sera juge du fondement des motifs de l'émancipation ? Le mot « *cognitâ causâ* » que nous trouvons aux Instituts, indique que ce sera le magistrat.

L'enfant émancipé sans justes motifs a un double droit, il recouvre ses biens et a droit à une quarte. Ces droits ne s'exerceront pas en même temps. L'enfant recouvre ses biens dès qu'il est émancipé par une *condictio ex lege* (2), mais il ne participe à la quarte qu'après la mort de l'adrogeant (3).

La quarte Antonine ressemble par sa quotité et par sa nature à la quarte légitime. Il est probable qu'Antonin a voulu accorder à l'impubère après l'émancipation les avantages qu'avaient les *liberi naturales*. Il suit de là :

---

(1) Inst. Just. § 3 *in fine* de Adopt.
(2) L. unic. Dig. de cond. ex lege.
(3) 1 § 21. Dig. de Collat.

1° qu'elle comprend seulement le quart des biens auxquels l'adrogé aurait eu droit. Il est vrai que les textes parlent toujours du quart des biens (¹). Mais, comme le fait remarquer Vinnius (²), on ne peut donner aucune bonne raison pour soutenir qu'Antonin le Pieux a voulu rendre la condition de l'adrogé meilleure que celle de l'enfant naturel émancipé ou exhérédé.

2° La quarte se calculera sur les biens laissés par l'adrogeant à l'époque de sa mort et non de l'émancipation (13 Dig. *Si quid in fraudem patroni*). Cependant Antonin avait décidé que toute aliénation faite en fraude de l'impubère serait révoquée par une action quasi Calvisiana ou quasi Faviana (même loi).

Les décisions que nous venons de parcourir ne se comprennent qu'en reconnaissant à l'adrogé un véritable droit de succession. Cependant Ulpien, dans la loi 8 § 15 de *inofficioso testamento*, considère la quarte comme une dette de la succession « *quartam, ei quasi æs alienum, concedendam.* » Toutefois ce jurisconsulte nous dit que l'adrogé exhérédé aura pour réclamer sa quarte une action *familiæ erciscundæ* utile (³).

2° L'ADROGÉ EST EXHÉRÉDÉ IMPUBÈRE. — Dans cette hypothèse aucune distinction n'est nécessaire. Que l'exhérédation soit juste ou qu'elle soit inique, l'adrogé rentrera en possession de ses biens personnels et jouira de la quarte Antonine. Pourquoi l'adrogeant s'il avait à se plaindre de l'adrogé lui a-t-il infligé la flétrissure de l'exhérédation ? Il est coupable d'avoir attendu pour châtier son enfant le moment où il a fait son testament.

J'ai dit que l'adrogé avait toujours droit à la quarte,

---

(1) Inst. § 3. — 2 C. de Adopt. — 13 D. *Si quid in fraud. patron.*
(2) Comment. sur le tit. de Adopt.
(3) 2 § 1. Dig. famil. ercisc.

sans qu'il fut besoin d'examiner le bien et le mal fondé de l'exhérédation. Mais tout le monde ne pense pas ainsi. M. Ortolan dans son Explication historique des Instituts (1), accorde la quarte Antonine à l'enfant exhérédé sans justes motifs, mais il la refuse à l'enfant exhérédé avec un juste motif. Il ne donne aucun argument à l'appui de son opinion. Vinnius dans son Commentaire des Instituts semble partager la même doctrine : « je crois, dit-il, qu'il faut entendre le mot exhérédation par une exhérédation injuste, car je ne vois pas si l'exhérédation est fondée pourquoi l'enfant reprendrait autre chose que ses biens, pourquoi on lui attribuerait plus que s'il avait été justement émancipé. »

Cette opinion de Vinnius n'est fondée sur aucun motif de droit ; l'argument qu'il fait valoir n'est pas un argument juridique, c'est une critique qui ne saurait prévaloir contre la loi. D'ailleurs la fin du paragraphe de Vinnius renferme la réfutation de sa doctrine. « On peut objecter, dit-il, la décision d'Ulpien dans la loi 8 § 15 de *Inofficioso testamento*, et si l'adrogeant avait à se plaindre de l'adrogé, pourquoi ne l'avait-il pas émancipé ? » Les objections que Vinnius fait à sa doctrine sont en effet puissantes et décisives. Oui l'adrogeant est coupable ; si de son vivant il n'a pas émancipé l'adrogé c'est que les griefs qu'il lui reproche sont peu graves et n'ont pas beaucoup de fondements. D'ailleurs comment pouvoir établir une distinction en présence d'un texte aussi formel que le texte des Instituts. « *Sed et si decedens pater eum exheredaverit, vel vivus sinè justâ causâ eum emancipaverit, jubetur quartam partem ei bonorum suorum relinquere.* »

Invoquera-t-on des raisons d'analogie ? mais ces raisons d'analogie lors même qu'elles existeraient ne sauraient pré-

(1) T. II, p. 115.

valoir contre les décisions de la loi ; *ubi lex non distinguit nec nos distinguere debemus ;* il s'agit dans l'opinion adverse d'une restriction qu'on voudrait étendre, et cependant : *odia sunt restringenda.* Dira-t-on qu'il faut donner cependant à l'adrogeant un moyen de châtier l'adrogé dont il a à se plaindre ? Ce moyen existe, qu'il l'émancipe ; mais ce moyen n'existe-t-il pas que la solution serait la même en présence du texte formel du § 3 Instit. et du § 15 de la loi 8 de Inoff. test., qui nous fournit un puissant argument à fortiori (1).

3° L'Adrogé meurt impubère. — Il faut distinguer si à son décès il se trouve dans la famille adoptive ou s'il ne s'y trouve pas.

Se trouve-t-il à son décès dans la famille adoptive, il y a lieu de rechercher si l'adrogeant lui a ou non survécu.

Lorsque l'adrogeant a survécu à l'adrogé, il doit rendre les biens qu'il a acquis par l'adrogation à ceux qui auraient été héritiers soit *ab intestat*, soit testamentaires sans l'adrogation ; et c'est ici qu'apparaît l'utilité de la personne publique ; car il faut le remarquer, l'expédient que nous avons étudié, n'a d'utilité pratique qu'autant que l'adrogé meurt impubère.

Si l'adrogé survit à l'adrogeant, mais qu'il meure impubère, les héritiers de l'adrogeant « devront rendre tous les biens de l'impubère adrogé et outre cela la quatrième partie des biens du père adrogateur (2). » Cette restitution était faite aux héritiers de l'impubère.

Dans cette même loi Ulpien se pose une autre question. « On demande si l'adrogeant peut substituer pupillairement à l'impubère qu'il a adrogé? Je pense qu'il ne le peut pas

---

(1) Cours Élém. de Droit Romain de M. Demangeat, t. 1, p. 680 et 681.
(2) 22 princ. Dig. de Adopt.

à moins que la substitution ne tombe sur la quarte acquise à l'impubère et ne finisse au terme de sa puberté. Au reste, s'il chargeait de rendre la quarte par *fideicommis, ce fideicommis* doit être réputé nul, parce que cette quarte est acquise à l'adrogé par les Constitutions des princes (*principali providentiâ*) et non par la volonté de l'adrogeant. »

La réponse d'Ulpien n'est pas complète sur ce point, mais Ulpien la complète lui-même; ce n'est pas seulement sur la quarte que l'adrogeant peut établir un substitué, mais encore sur les autres biens advenus à l'impubère par l'effet de la volonté de celui qui a adrogé (1). Si Ulpien décide que la substitution sera sans force pour les biens que le pupille avait lors de l'adrogation et pour ceux qu'il a acquis postérieurement *aliundè quam ex re patris*, c'est que ces biens, d'après le rescrit d'Antonin, doivent revenir à ceux qui sans l'adrogation eussent été ses héritiers.

L'adrogé impubère est mort alors qu'il était sorti de la famille adoptive par l'émancipation. Si l'adrogé n'avait pas à sa mort exigé la restitution de ses biens, ses héritiers auront le droit d'en poursuivre la restitution. Mais si l'adrogé est mort avant l'adrogeant, il n'aura pu exiger la quarte qui n'est exigible qu'à la mort de l'adrogeant; ses héritiers auront-ils le droit à la mort de l'adrogeant de venir réclamer cette quarte? Ils n'auront pas ce droit; en effet la quarte est un droit héréditaire qui ne peut s'exercer qu'au décès de l'adrogeant, et si l'adrogeant survit à l'adrogé, celui-ci ne peut exercer aucun droit dans la succession de son père adoptif; s'il ne le peut pas il est évident que ses héritiers ne le pourront pas davantage.

4° L'ADROGÉ A ATTEINT LA PUBERTÉ SANS AVOIR ÉTÉ ÉMANCIPÉ. — Voici ce que dit Marcien : « Et si *pubes factus non expe-*

---

(1) 10 § 5 de Vulg. et pupill. subst.

dire sibi in potestatem ejus redigi probaverit; œquum esse emancipari eum a patre adoptivo : atque ità pristinum jus recuperare. » Lorsque l'adrogé impubère arrive à la puberté, il peut examiner si l'adrogation lui a été avantageuse ou contraire à ses intérêts. S'il trouve qu'elle ne lui a pas été avantageuse, il peut aller trouver le magistrat, lui exposer sa cause et le magistrat peut ordonner à l'adrogeant d'émanciper l'adrogé et de restituer à l'adrogé les biens que l'adrogation avait faits acquérir à l'adrogeant. Le magistrat par un rescrit portant *restitutio in integrum* peut ordonner à l'adrogeant de placer l'adrogé dans la position qu'il avait au moment de l'adrogation. (3 § 6 de Minor. XXV annis.)

Si au contraire l'émancipation n'est pas demandée ou si elle n'est pas admise, l'adrogé se trouve désormais dans la position de toute personne adrogée après la puberté.

CHAPITRE V.

Adrogation des enfants naturels ([1]).

Il n'est question que de l'adrogation des enfants naturels, parce que ces enfants étant *sui juris* on ne pouvait leur appliquer que l'adoption de personnes *sui juris*.

Un père pouvait-il adroger son enfant naturel? On décide généralement que l'adrogation des enfants naturels est permise. Cependant quelques auteurs, notamment Merlin, dans son Répertoire ([2]), et un savant professeur de la Faculté de Toulouse, enlevé trop tôt à la science, Benech, dans son remarquable ouvrage sur l'illégalité de l'adoption des enfants

---

(1) Dans ce chapitre nous donnerons aux mots « enfants naturels » la signification que ces mots doivent avoir, c'est-à-dire que nous appellerons ainsi les enfants nés *ex concubinatu*.

(2) Répertoire. V° Adoption, § 3.

naturels (1) ont soutenu la négative. Benech surtout a approfondi cette matière ; la plupart des raisons qu'il fait valoir me paraissent péremptoires et je partage son avis.

Il faut d'abord constater que le mot « enfant naturel » n'a pas en droit Romain une signification bien nette, un sens parfaitement défini; aussi Cujas dans ses Observations sur le titre de *Naturalibus liberis* au Code a pu dire que cette expression était ambigue équivoque αμφιβολὸν, et susceptible de plusieurs sens πολύσημον.

Je n'insisterai pas sur l'impossibilité qui d'après Benech, résulterait de la formule elle-même de l'adrogation « *filius sibi siet, quam si ex eo patre matreque familias ejus natus esset.* » Si cet argument était vrai, il faudrait soutenir que l'enfant émancipé ne pouvait être adrogé par son père ce qui est contraire à tous les textes; pour moi ce membre de phrase est expliqué par le suivant. « *utique ei vitæ necisque in eum potestas siet.* » D'autres raisons militent en faveur de notre opinion.

Il paraît d'abord surprenant que les Empereurs Théodose et Valentinien (2) aient eu besoin d'établir la légitimation par oblation à la curie si l'adrogation des enfants naturels était permise. Cette oblation à la curie entrainait avec elle des charges fort lourdes. Les décurions étaient chargés du recouvrement des impôts, et ils en étaient responsables, ils devaient donner à leurs frais les jeux et les spectacles publics, des impôts spéciaux pesaient sur eux, ils devaient offrir des dons aux souverains pour les événements heureux et ils payaient à la curie le quart de leurs revenus etc.... de plus le père devait assurer à son enfant une certaine fortune. L'adrogation au

---

(1) P. 40 et suiv.
(2) 3. Cod. de Natur. lib.

contraire n'entraine avec elle aucune de ces conséquences. Comment dès lors supposer qu'un père consente à faire le sacrifice de son argent, à imposer à son fils des charges excessives, s'il existait un moyen facile d'arriver au même résultat ? L'institution de la légitimation par oblation à la curie est donc une preuve de la prohibition de l'adrogation des enfants naturels.

Mais où la preuve de notre théorie parait évidente c'est dans les Constitutions des Empereurs relatives à la légitimation par le mariage subséquent.

Les Empereurs Chrétiens cherchèrent par toutes sortes de moyens à relever le niveau de la moralité publique, et à resserrer les liens du mariage. Une des plaies de la société Romaine était le concubinat que la sévérité des lois Romaines sur le mariage avait mis en honneur « *concubinatus per leges nomen assumpsit.* » Pour convertir le concubinat en mariage légitime Constantin et Zénon (1) décidèrent que le père qui aurait des enfants naturels pourrait les légitimer en se mariant avec la femme qui les lui aurait donnés. Le but qu'ils poursuivaient, la réforme des mœurs ne permit pas à ces Empereurs d'accorder ce bénéfice aux enfants naturels nés après la promulgation.

Malgré cette mesure le concubinat subsista. Anastase a fait de la légitimation par mariage subséquent une institution permanente (2). On lit à la fin de la constitution de cet Empereur une phrase qui vient confirmer notre thèse. « *Filios insuper et filias jam per divinos adfatus a patribus suis in arrogationem susceptos, vel suceptas, hujus providentissimæ nostræ legis beneficio et juvamine potiri consemus.* » Qu'était-il besoin de parler de la validité de

(1) 5 Cod. de Natur. lib.
(2) 6 Cod. de Nat. lib.

pareilles adrogations, si cette validité n'était pas douteuse ?
Il résulte pour moi du texte même de cette Constitution
qu'Anastase aura voulu par faveur sanctionner des adrogations irrégulières. Les expressions dont se sert l'Empereur sont une preuve évidente qu'il établit une innovation :
Nous pensons, dit-il, que ces adrogations sont valables
en vertu du bénéfice que nous accordons par notre loi
« *hujus providentisimæ nostræ legis beneficio et juvamine potiri censemus.* »

Cette innovation d'Anastase ne durera que onze ans,
car en 519 Justin l'abrogea (¹). Dans sa Constitution Justin
confirme la validité de la légitimation par mariage subséquent, mais il prohibe l'adrogation des enfants naturels.
La théorie que je soutiens ressort très-clairement de cette
Constitution. D'abord Justin prétend que la Constitution
d'Anastase s'est introduite comme par surprise et par fraude
« *eadem lex irrepserit* »; les adrogations que cette constitution a validées sont contraires à la loi et il ne les
respecte que par commisération « *quasi quod impetraverunt lege quadam interdictum sit : quoniam et si qua
prius talis emergebat dubitatio remittenda fuit, movente
misericordiâ* ». Désormais la légitimation seule sera permise
et on agira comme si la Constitution d'Anastase n'avait
jamais existé « *ac si prædicta Constitutio lata non esset* ».
Et puisque à l'avenir les adrogations d'enfant naturel sont
interdites « *non arrogantium vel adoptionum prætextus, quæ
ulterius minimè ferendæ sunt* » c'est qu'avant Anastase elles
étaient prohibées.

Justinien dans sa novelle 74 chap. 3 confirme la prohibition de son père adoptif Justin. On a conclu de certains mots de sa Novelle que l'adrogation des enfants na-

---

(1) 7. Cod. de Nat. lib.

turels était permise ; mais c'est abuser des mots que de tirer cette conclusion. Justinien dit que l'adrogation des enfants naturels était autorisée *antiquitùs ab aliquibus imperatoribus*. *Antiquitùs*, a-t-on dit, ne peut se rapporter à Anastase qui vivait peu d'années seulement avant Justinien, donc la légalité de cette adrogation était autrefois reconnue. Je conviens qu'à s'en tenir à ce seul mot, il y aurait peut-être là une raison, mais le reste de la phrase nous donne le véritable sens du mot *antiquitùs*. *Modus... ab aliquibus imperatoribus non improbabilis*, dit Justinien; la règle n'était donc pas générale, car autrement Justinien n'aurait pas dit que c'était une chose qui n'avait pas paru irrégulière à certains Empereurs. Ce n'est pas ainsi qu'on s'exprime lorsqu'on rappelle une règle de droit commun. Pour moi, je crois que Justinien fait allusion aux adrogations que certains Empereurs avaient permises avant Anastase, car nous savons par Anastase que sa Constitution avait pour but de régulariser des adrogations illégales déjà faites. D'ailleurs Justinien n'entend-il pas confirmer la Constitution de Justin « *manere ergo et illam in suis terminis volumus.* » ? et cette Constitution ne dit-elle pas positivement que l'adrogation des enfants naturels est interdite ?

Il reste maintenant à réfuter certaines objections qui sont invoquées par les partisans de l'adrogation. Ils invoquent deux textes qui, disent-ils, sont formels.

Le premier est un passage de Modestin (14 Dig de *his qui sui vel alieni*) : *Inviti filii naturales vel emancipati non rediguntur in patriam potestatem*. Je ferai tout d'abord remarquer que le mot *filius naturalis* n'a pas toujours la même signification, c'est ainsi que nous avons vu dans le principium de notre titre aux Instituts, ce mot signifier enfant né de justes noces ; et le sens de ce mot est expliqué ici par le reste du texte. Que dit Modestin ? Les *filii naturales* et les *emancipati* ne peuvent *retomber* malgré eux sous la puissance paternelle. Pour retomber sous la puissance paternelle de quelqu'un, il faut avoir été déjà sous cette puissance. Les émancipés ont été sous la puissance de leur père, ils peuvent donc retomber sous cette puissance. Quant aux enfants nés ex concubinâ, ils sont nés sui juris, ils n'ont pas été sous la puissance de leur père, ils ne peuvent donc *redigere in patriam potestatem*. « L'expression étant la même, dit Benech, il faut admettre naturellement que la situation est identique, et qu'il s'agit d'enfants naturels et légitimes, qui comme les émancipés ont été un jour sous sa puissance et qui ne peuvent être replacés sous cette puissance *inviti*. »

Cela se rencontre lorsqu'un fils *ex justis nuptiis* a été donné en adoption par son père, et que l'adoptant l'a émancipé ; cela se rencontre encore lorsque la puissance paternelle est dissoute en dehors de toute émancipation, comme par l'investiture en faveur du fils d'une fonction publique ou religieuse... etc.

Dans ces hypothèses l'enfant est devenu sui juris, il n'est plus lié avec son père que par les liens de la nature, par les liens du sang ; cet enfant peut *redigere in patriam potestatem*, s'il donne son consentement ; il peut, dis-je, retomber sous la puissance paternelle, parce qu'il a déjà été sous cette puissance.

Le second texte qu'on invoque est un fragment d'Ulpien qui forme la loi 46 Dig. de Adopt. Pothier qui admet l'adrogation des enfants naturels affirme ainsi son opinion : « *Etiam filius naturalis adoptari potest*, *Undè : in servitute meâ quæsitus mihi filius in potestatem meam redigi beneficio principis potest, libertinum tamen eum ma-*

nero non dubitatur. » (¹) Pothier n'a pas dévoloppé sa pensée, mais il est certain qu'il entend ce texte en ce sens que l'adrogation des enfants naturels est permise.

Je répondrai une chose bien simple c'est que du temps d'Ulpien l'adrogation se faisait *per populum* et non pas *principis auctoritate, principio beneficio* ; c'est ce que nous dit Ulpien dans ses Règles § 3 tit. VIII : *Per populum, qui sui juris sunt, arrogantur.* Si ce texte se rattachait à l'adrogation ordinaire, il faudrait dire qu'il a été interpolé, mais on n'a pas besoin de recourir à ce moyen.

Nous avons vu que Justinien parlait d'adrogations reconnues *ab aliquibus imperatoribus*, nous avons vu qu'Anastase avait régularisé certaines adrogations tolérées par des Empereurs, c'est sans doute à cet état de choses qu'Ulpien fait allusion. Puisque l'adrogation ne se faisait pas du temps d'Ulpien par l'autorité du prince, on ne peut entendre le passage précité que dans le sens que j'indique. C'est de ces adoptions faites par lettres du prince qu'Anastase disait : « Nous ordonnons en outre à l'égard des enfants naturels qui ont déjà été adrogés par leurs pères, en vertu de lettres Impériales qu'ils jouissent du secours et du bienfait de notre loi, » et Justinien disait encore : « A l'égard des enfants naturels on suivra l'ancien droit ; qu'on ne compte plus sur la Constitution précitée..... qu'on ne compte plus sur l'adrogation qui est prohibée pour l'avenir, ni *sur les lettres Impériales obtenues par l'effet de l'imposture.... etc* ». (²)

Benech donne une autre explication de ce fragment. Si on fait attention à la nature de l'œuvre du juriconsulte à laquelle le fragment a été emprunté on reconnaîtra

---

(1) Pothier, *Pandectœ*, titre de Adopt., XXII.
(2) 5. 6. Cod. de Nat. lib.

aisément quel a du être le sens de ce texte. Le fragment est emprunté au livre 4 ad legem Juliam et Papiam. Or la loi Papia accordait des immunités aux pères qui avaient un nombre donné d'enfants, et les enfants adoptifs comptaient pour faire ce nombre. C'est en traitant de cette loi que le jurisconsulte s'occupe de l'espèce prémentionnée et examine tout naturellement si l'enfant pourra malgré la défaveur du cas particulier, servir au père au point de vue de la loi *Papia*, et il décide l'affirmative pourvu que le prince y consente (1).

La raison que fait valoir Benech a pu être vraie lors de la promulgation des lois Julia et Papia Poppœa, mais elle ne dura pas longtemps. Ce que je dis résulte du but qu'Auguste se proposait à savoir de pousser au mariage; il résulte encore de la loi 15 § 1 de Legatis, 2°, et encore d'une analogie tirée de la matière de la tutelle pour obtenir le *jus liberorum*. D'ailleurs Tacite (Annales liv. XV. tit 19) nous apprend qu'un sénatus-consulte porté sous Néron vint réprimer l'abus qui consistait à se créer par l'adoption une postérité fictive, afin d'échapper aux incapacités prononcées par les lois Caducaires contre ceux qui n'avaient pas d'enfants.

Les textes qu'on oppose à mon opinion étant réfutés, il est donc vrai de dire qu'en Droit Romain le père ne pouvait adopter son enfant naturel.

(1) Benech, p. 13.

APPENDICE.

Adoption par Testament.

Les auteurs littéraires parlent d'une adoption par testament qui se serait introduite vers la fin de la République. Velleius Paterculus nous dit : « On ouvrit le testament de César et on trouva qu'il adoptait Octave. » et Suétone dans Tibère nous donne les conditions de cette adoption : « *Testamento adoptatus, hereditate adita, mox nomine abstinuit.* »

Donc on peut adopter par testament celui qui recueillera les biens et le nom de l'adoptant ; toutefois, si le nom est tristement célèbre (*famosum*) on est dispensé de le porter (63 D. 26. 1). « L'adoption n'était pas encore valable, dit Cujas, car la loi des XII Tables qui a établi le droit et la liberté de tester n'avait pas parlé de cette adoption. Mais de même que le curateur donné par le testament n'est valable que lorsqu'il est confirmé par le Préteur, ainsi l'adoption qui n'est pas valable comme l'adoption testamentaire peut être confirmée par le peuple ou le prince. Il ne suffit donc pas à Octave d'être adopté par le testament de César, il fallut la confirmation donnée par une *lex curiata* [1]. »

Pour pouvoir être adopté par testament, il fallait être héritier. Cujas (*loco citato in fine*) nous en donne un exemple. « César avait adopté Octave au second degré, cette adoption ne put être confirmée parce qu'elle était subordonnée à une condition de substitution vulgaire [2], et l'adoption testamentaire ne vaut que lorsque l'adopté est appelé à l'hérédité de l'adoptant. »

---

(1) Cujas, observ., lib. 7, cap. 7.
(2) A savoir que l'héritier institué au premier rang ferait défaut.

C'est sans nul doute à cette adoption par testament qui avait besoin d'une confirmation pour être valable que Marcellus fait allusion lorsqu'il dit : « *Adoptio non jure facta, a principe confirmari potest.* 38 Dig. de Adop. » et Ulpien dit qu'elle ne pouvait être confirmée que *cognitâ causâ* « *nam itâ divus Marcus Eutychiano rescripit : Quod desideras an impetrare debeas, æstimabunt judices, adhibitis et tam his, qui contradicent; id est qui læderentur confirmatione adoptionis.* 39 Dig. de Adopt. »

DROIT FRANÇAIS.

DEUXIÈME PARTIE.

De l'adoption dans l'ancien droit et dans le droit intermédiaire.

ANCIEN DROIT.

L'adoption ne fut jamais en honneur comme à Rome ; cependant il est intéressant d'étudier ce qu'est devenue l'adoption chez les anciens peuples.

Chez plusieurs peuples du Nord l'adoption se faisait en pressant l'enfant adoptif contre la poitrine nue. Diodore, cité par M. Michelet dans son ouvrage sur les Origines du Droit Français, fait remonter cette adoption aux temps fabuleux de la Grèce : « Junon montant sur le lit, prit Hercule contre son sein et le laissa couler jusqu'à terre à travers les vêtements, imitant la véritable naissance, ce que font encore aujourd'hui les barbares lorsqu'ils veulent adopter. (1)

(1) Michelet, p. 43.

Dans les vieilles coutumes Scandinaves et de France l'adoption se faisait sous le manteau. « Dans le Nord, dit M. Michelet (*loc. cit.*) le soulier était quelquefois substitué au manteau. Le père apprêtait un festin, tuait un bœuf de 3 ans, enlevait la peau du pied droit et faisait un soulier. Il mettait le soulier, puis le fils adopté ou légitimé, puis les héritiers, les amis. Cela s'appelait monter dans le soulier. Ou bien le père enlève la peau du pied droit par derrière au-dessus de la cheville; il ordonne au fils de chausser le soulier pendant qu'il tient dans les bras ses enfants lesquels à leur tour viennent y mettre le pied. Adopter, dit le vieux droit du Nord, se dit aussi : mettre sur les genoux. »

Comme l'adopté entrait sous la puissance de l'adoptant, il exprimait parfois cette dépendance en se laissant tondre comme un serf; c'est ainsi que Clovis adopté par Alaric se laissa couper la barbe [1].

Sous les rois de la première race l'adoption était usitée car l'abbé Trithème dans ses annales remarque qu'en 672, Sigebert, roi d'Austrasie, fils de Dagobert, adopta Hildéric, fils de Grimoald, maire de son palais.

Deux sortes d'adoption furent en usage, l'une toute politique, l'autre produisant au contraire des effets civils.

L'adoption politique avait pour but de permettre au chef auquel la nature n'avait pas donné d'enfants le droit de choisir un successeur digne de lui. Chez des peuples en effet, où le sentiment guerrier et l'esprit de conquête dominaient par dessus tout, il devait être permis au chef de choisir pour successeur celui qui serait le plus apte à conduire les guerriers à de nouveaux combats.

Cette adoption s'appelait adoption par les armes; elle se faisait en conférant à l'adopté, un bouclier, des épées et

---

[1] Michelet, *loc cit*, p. 43.

des chevaux de bataille. Nous trouvons dans Cassiodore le but et la cérémonie de cette adoption parfaitement décrits. Théodoric, roi des Osthrogoths voulant adopter le roi des Hérules lui écrivit : « C'est une chose belle parmi nous, de pouvoir être adoptés par les armes ; car les hommes courageux sont les seuls qui méritent de devenir nos enfants.

Il y a une telle force dans cet acte, que celui qui en est l'objet aimera toujours mieux mourir que de souffrir quelque chose de honteux. Aussi par la coutume des nations, et parce que vous êtes un homme, nous vous adoptons par ce bouclier, ces épées, ces chevaux que nous vous envoyons. » (1)

Cette adoption politique fut en usage chez les rois de la 1re race, c'est ce que nous apprend Grégoire de Tours : « Après cela le roi Gontran envoya vers Childebert son petit-fils, avec prière de venir le trouver. Celui-ci vint en effet avec ses principaux chefs ; après qu'ils se furent embrassés le roi Gontran parla ainsi : Voici que je suis resté sans enfants, je demande donc que ce mien petit-fils devienne mon fils. Le plaçant alors sur son siége il lui fit tradition de tout son royaume : « Que même bouclier nous couvre, dit-il, que même lance nous défende. Le roi passa la lance qu'il tenait à son neveu, lui disant : A ce signe, bien aimé neveu, sache que tu me succéderas au trône. » (2)

M. Michelet fait remarquer sur l'adoption par les armes, que « n'impliquant aucune infériorité du côté de l'adopté, elle est souvent une fraternité plus qu'une paternité. »

---

(1) Cassiodore, livre 4, lettre 2, cité par Montesquieu, Esprit des lois, liv. 18, ch. 29.

(2) Grégoire de Tours et Aimoin, cités par Michelet, *loc. cit.*, p. 13.

Les formules de cette époque nous montrent une autre espèce d'adoption qui produisait des effets civils. (¹)

La personne qui n'avait pas d'enfants pouvait au moyen d'une adoption assurer sa succession à celui qu'elle désignait. Ces formules contiennent des modèles d'actes appelés actes d'adoption, mais qui ne sont, à vrai dire, comme le fait judicieusement observer Denizart, que des pactes de succéder. (²)

L'adoptant laisse à son fils adoptif, la jouissance de ses biens à la condition que celui-ci l'entretiendra ; à la mort de l'adoptant tous les biens passeront à l'adopté. Voici ce que dit Marculphe : « Dum peccatis meis facientibus, diù
« orbatus à filiis, et mihi paupertas et infirmitas afficere
« videtur, et te, juxtà quod inter nos bonæ pacis placuit
« atque convenit, in loco filiorum meorum visus sum adop-
« tasse, ità ut dum advixero, victum et vestitum, tam in
« dorso quam in lecto, seu calciamentum, mihi in om-
« nibus sufficienter impertias et procures............
« sed sicut superiùs continetur, meâ necessitate dum ad-
« vixero debeas procurare, et omnes res meas et ad præsens
« post meum discessum in tuâ potestate permaneant, et
« quod tibi indè placuerit faciendi liberam habeas potes-
« tatem. » (³)

La formule 23 de Sirmond indique d'une manière précise les conditions de l'adoption. Il faut le consentement du père de l'adopté, l'adoption se fait devant la Curie de la Cité, et le rédacteur insiste sur ce point que c'est inutilement que les héritiers viendront attaquer ses dispositions : « Ego enim in Dei nomine ille. Dum peccatis meis facien-

---

(1) Formules de Marculphe, Sirmond et Linderbroge, recueillies par Baluze, t. 2.
(2) Denizart, V° Adoption, § 3, 2°.
(3) Marculphe, liv. 2, formule 13.

« tibus orbatus sum à filiis ; mihi placuit ut illum unâ
« cum *consensu patris sui* in civitate illâ cum *Curiâ*
« *publicâ*, de potestate patris naturalis discedentem, et in
« meam potestatem venientem in loco filiorum adoptassem,
« quod itâ feci.............:.... et post obitum quoque
« meum, sicut à me genitus fuisset itâ in omni *hereditate*
« *meâ* per hanc epistolam adoptionis *sit successurus* ; vel
« quidquid de supradictis rebus meis, quamtumcumque
« moriens dereliquero, facere voluerit, jure proprietario
« absque repetitione heredum meorum firmissimam in om-
« nibus habeat potestatem. » (1)

La formule 59 de Linderbrog répète ce que dit Sirmond.

Remarquons les différences qui résultent de la formule de Marculphe et des formules de Sirmond et de Linderbrog. Dans la première l'adopté devient usufruitier et si au décès de l'adopté, il recueille les biens, c'est comme donataire ; au contraire dans les secondes l'adopté n'est qu'administrateur, et les biens qu'il recueille au décès de l'adoptant, il les recueille à titre d'héritier, « in omni hereditate meâ sit successurus »

Remarquons aussi que d'après la formule 58 de Linderbrog, si l'adopté ne remplit pas les obligations imposées par l'acte d'adoption, l'adoption sera révoquée.

Nous trouvons un Capitulaire de Dagobert, daté de 630, qui s'occupe aussi de cette adoption : « Si quis procreationem filiorum vel filiarum non habuerit, omnem facultatem suam in præsentiâ Regis, sivè vir mulieri, vel mulier viro seu cui cum quilibet de proximis vel extraneis, adoptare in hereditatem vel adfatimi per scripturarum seriem, seu per traditionem, et testibus adhibitis secundum legem Ripuariam, licentiam habeat. » Cette décision fait partie de la

---

(1) Formulæ Sirmondiæ, XXIII.

nouvelle édition de la loi des Ripuaires que publia Dagobert, c'est ce qui résulte de l'énoncé de ce Capitulaire : Dagoberti regis Capitulare Primum, sive lex Ripuariorum 48.

L'usage de l'adoption dut cesser sous les rois de la seconde race, du moins les Capitulaires de Charlemagne n'en font plus mention. Il est vrai qu'on retrouve une partie des dispositions que nous avons signalées dans un capitulaire de Louis et Charles le Chauve ; mais il n'est nulle part ailleurs fait mention de cette adoption. Voici ce que porte le Capitulaire de Charles le Chauve : « Qui filios non habuerit et alium quemlibet heredem sibi facere voluerit, coràm rege vel coràm comite et scabinis vel missis dominicis qui ab eo ad justicias faciendas in provinciâ fuerint ordinati, traditionem faciat. »

Nous avons parlé de l'adoption qui se faisait dans certains pays du Nord en pressant l'enfant adoptif contre la poitrine. Cet usage se retrouve au xi° et au xii° siècle. Le prince d'Edesse adopta Baudouin pour son fils, en le pressant selon la coutume du pays contre sa poitrine nue et l'introduisant sous le vêtement le plus près de sa chair (¹).

On le voit, l'adoption reconnue par notre ancien droit ne ressemblait en rien à l'adoption Romaine. Nos ancêtres avaient considéré les droits des pères sur leurs enfants comme des droits sacrés, inaliénables, et les devoirs des pères envers leurs enfants comme des obligations personnelles dont il n'était pas permis de se décharger sur les personnes étrangères. A cette manière inventée par les Romains de perpétuer le nom à défaut d'enfants naturels, nos ancêtres avaient substitué les donations et institutions à la charge de porter le nom et les armes du donateur ou du testateur.

(1) Michelet, *loc. cit.*, p. 44

A toutes les lois qui autorisaient l'adoption succéda bientôt un autre ordre de choses. Le système féodal s'établit et l'adoption contrariait trop les droits éventuels des seigneurs suzerains aux fiefs possédés par leurs vassaux, pour qu'elle pût se maintenir avec lui. De là cette règle des Liberi feudorum l. 2. tit. 26 n° 4 : Adoptivus filius in feudum non succedit; l'enfant adoptif ne succède pas aux fiefs.

Le Droit Coutumier de la France avait posé cette règle : « Deus solus heredem facit non homo ; » puisque le sang seul peut faire un héritier, l'adoption ne saurait créer de parenté legale.

Masuer disait : Les enfants adoptifs ne peuvent succéder par la coutume (¹); et Dumoulin : « Adoptio peculiare jus est Romanis. » En France, dit Bacquet, le droit d'adoption n'est pas reçu et les enfants adoptés ne succèdent que comme légataires. (²)

Les Coutumes sont en général muettes sur l'adoption ; cela se comprend facilement puisque l'adoption n'était pas admise ; toutefois certaines coutumes s'expliquent en termes exprès et la proscrivent formellement. Ainsi nous lisons dans la Coutume d'Audenarde : Personne ne peut adopter un autre quoy qu'il fust de sa parenté et de son sang ; non plus inter vivos pour luy succéder comme son enfant ab intestato, que l'instituer héritier par testament pour exclure les légitimes héritiers de sa succession. (³)

Quant à la coutume de la Salle Baillage et Chastellenie de Lille, elle s'exprime bien nettement : Adoption n'a lieu. (⁴)

(¹) Pratica forensis, tit. 16, n° 38.
(²) Bacquet, Droit d'Aubaine, part. 3, ch. 23.
(3) 4ᵐᵉ Partie. Rubrique 20, art. 3.
(4) Ch. 13, art. 4.

Quelques Coutumes, il est vrai, reconnaissaient certaines adoptions, mais ces adoptions n'étaient qu'une sorte d'institution d'héritier donnant le droit de succéder par tête avec les autres enfants ; ces adoptions qui dans certaines coutumes portaient le nom d'Affiliation, dans d'autres étaient appelées : Affrérissement.

Nous lisons dans Guyot (1) : Affiliation se dit dans la coutume de Saintonge, pour signifier une espèce d'adoption qui a lieu dans cette coutume et de laquelle parle l'art. 1 en ces termes : « Celui qui est associé et affilié succède à l'affiliant et à l'associant avec ses enfants naturels et legitimes par tête, des biens meubles, acquêts, immeubles, faits par l'affiliant et non ès héritages ; car quant à iceux adoption ne peut profiter par la coutume, si ce n'est que les adoptés affiliés et associés portent et confèrent les héritages, ou qu'à iceux aient renoncé, ou qu'en traité de mariage autrement ait été accordé ; car esdits cas l'adopté affilié ou associé ès héritages comme ès autres biens. » L'affiliation était encore connue dans le Bourbonnais et le Nivernais ; nous citerons dans un instant les passages de ces coutumes relatifs à ce sujet.

On le voit, d'après la coutume de Saintonge, les affiliés sont héritiers ; il ne faut pas cependant croire que tous les adoptés indistinctement soient héritiers proprement dits. On distingue deux sortes d'affiliations, l'une pure et simple qui se fait gratuitement par l'adoptant ou moyennant un certain apport du père adoptif ; l'autre par échange ou subrogation qui se fait en subrogeant un enfant étranger à la place d'un enfant naturel.

La première de ces adoptions n'entraîne pas pour l'adopté la qualité d'héritier à moins qu'elles ne soient faites par

_____
(1) Répertoire, V° Affiliation.

contrat de mariage, quant aux adoptés par échange, ils sont saisis dans toutes les coutumes dont nous avons parlé (¹).

Voici ce que nous disent les coutumes de Nivernais et de Bourbonnais sur l'affiliation par échange.

« Si gens francs marient leurs enfants par eschange les
« enfants ainsi mariez ont pareil droit que ceux au lieu
« desquels ils sont baillez ou eschangez en tous les droits
« qu'ils avaient en l'hostel dont ils sont sortis et en la suc-
« cession des ascendans seulement, et en sont saisis comme
« les enfants légitimes qu'ils représentent, s'il n'y a con-
« venance au contraire. Et si l'un desdits eschangez décède,
« sa succession appartiendra à ses propres parens, selon
« la disposition de la coutume (²). »

« Si personnes marient leurs enfants les uns avec les
« autres, les enfants ainsi mariez (que l'on appelle par
« eschange) ont droit tant en meubles héritages que conquets,
« tels qu'auraient ceux au lieu desquels ils sont subrogez,
« comme s'ils étaient enfants légitimes et naturels (³) »

Lebrun dans son traité des successions liv. 3 ch. 3 parle des effets produits par cette affiliation.

Affrérissement, dit Guyot (⁴), signifie littéralement l'action de rendre frères. C'est une double adoption qui fait entrer les enfants d'un second lit dans la famille ou de l'époux ou de l'épouse de leur père ou mère survivant. Cette espèce d'adoption est fort en usage en Allemagne où elle est désignée par les mots *unio prolium*. Mais en France nous n'avons qu'une coutume qui en parle, c'est la coutume de St-Amand en Flandre. Voici ses termes tit. 26.

« Il est, que par style anciennement usité en effet de con-

---

(1) Merlin, V° Héritier, sect. 1., § 1, n° 12.
(2) Coutume de Nivernais, ch. 23, art. 25.
(3) Coutume de Bourbonnais, art. 265. Nouv. Cout.
(4) Répert. V° Affrérissement.

» trat, on fait à ladite ville et terre affrérissement par
» devant lesdits prévôts et quatre échevins pour le moins ;
» de sorte que l'on fait les enfants de premières noces
» semblables aux enfants qui procèdent dudit second ma-
» riage, pour également partir aux biens de leurs père et
» mère de quelque côté qu'ils soient procédés, et ce sur
» l'affirmation que font les plus prochains parents paternels
» et maternels desdits enfants des premières noces qu'audit
» affrérissement le bien desdits enfants est très-bien gardé.»

L'affrérissement ne ressemble pas à l'adoption Romaine, puisqu'elle n'a lieu, comme le fait remarquer Lebrun, que dans l'hypothèse « ou une mère qui se remarie stipule avec son nouveau mari que ses enfants tant du premier que du second mariage succéderont également à elle et à ses deux maris, ou quand ce même pacte se fait avec un second mari qui a aussi des enfants d'un premier mariage qu'on fait entrer dans cette union et qui y portent les biens de leur mère. » Tout au plus les formes de l'affrérissement auraient-elles quelque ressemblance avec les formes usitées dans le dernier état du droit pour l'adoption ordinaire ; il fallait à Rome, depuis Justinien, l'intervention du magistrat et le consentement du père naturel ; pour l'affrérissement il fallait l'avis des parents et l'autorité du juge.

Quant aux affiliations relatées par les coutumes, elles ne ressemblent en rien aux adoptions Romaines, puisque les affiliations ne donnent aucun droit à l'affiliant sur la personne et sur les biens de l'affilié comme elles ne donnent point aussi à l'affilié le droit d'agnation que l'adoption conférait à Rome.

Nous trouvons, au contraire, que l'affiliation ressemblerait plutôt à l'adoption pratiquée sous la première race de nos rois. Dans l'une et l'autre, en effet, nous voyons l'adopté acquérir le droit de succéder à l'adoptant, mais une différence importante existe. L'affilié n'acquérait ni la jouissance ni l'administration des biens du vivant de l'affiliant, tandis que l'adopté sous les Capitulaires recevait pendant la vie de l'adoptant, l'usufruit dans les premiers temps et plus tard l'administration seulement des biens de ce dernier.

Nous retrouvons aussi un vestige de l'adoption par les armes, dont nous avons parlé. « Quelquefois, dit Guyot, on adopte un étranger à condition qu'il portera le nom et les armes de celui qui lui donne ses biens par contrat ou par testament ; mais cet étranger n'est pas pour cela saisi en vertu de la loi des biens du donateur ou du testateur ; il ne les peut prendre que comme un donataire entre-vifs ou comme légataire ou héritier institué par contrat ou par testament ; ce qui fait que cette espèce d'adoption ne l'exempte pas de payer les droits seigneuriaux quoiqu'ils ne soient pas dus pour mutation en succession directe. Elle ne produit non plus aucune sorte de parenté qui puisse former empêchement au mariage » (¹).

Il existait encore une autre espèce d'adoption usitée dans les Hôpitaux de la Charité et de l'Hôtel Dieu de Lyon. Ces hôpitaux recueillaient des enfants, le premier jusqu'à l'âge de 7 ans, le second de 7 à 14 ans ; on qualifiait ces enfants d'enfants adoptifs. Des lettres patentes de novembre 1672 confirmèrent cet ancien usage. Les administrateurs de ces hôpitaux acquièrent sur ces enfants adoptifs les droits de puissance paternelle ; ils leur succèdent à défaut de frères et de sœurs et même à l'exclusion des frères et sœurs qui étant en majorité ont ainsi abandonné ces enfants à la charité publique. Henris, liv. 6 ch. 6, quest. 35, rapporte ces Patentes.

(1) Répert. V° Adoption.

Que décidait le Droit Canonique relativement à l'adoption? Voici sur ce point ce que rapporte Durand de Maillane (1). « L'Eglise reconnait la parenté d'adoption qu'on appelle parenté légale, à l'effet d'empêcher le mariage en certains cas. Cap. unic. de Cognat. spirit. Suivant le Rituel de Paris, l'adoption produit un empêchement dirimant de mariage, 1° entre la personne qui adopte et la personne adoptée jusqu'à la quatrième génération ; 2° entre la personne adoptée et la personne de celui qui adopte, tandis qu'il est sous la puissance paternelle; 3° entre la femme de celui qui est adopté et celui qui adopte, ou entre la femme de celui qui adopte et celui qui est adopté ; de sorte que ces personnes ne peuvent se marier ensemble selon les Canons de l'Église et les lois Romaines dans les pays où l'adoption est d'usage. Dans l'Eglise Grecque l'adoption a lieu et s'y fait avec une cérémonie ecclésiastique, sacro ritu. »

Quoiqu'il en soit on peut dire d'une manière générale que l'adoption n'existait pas dans notre ancien Droit Français.

DROIT INTERMÉDIARE.

Il y avait environ 10 à 12 siècles que l'adoption était généralement hors d'usage, lorsqu'elle reparut sous la Révolution Française. A la séance du 18 janvier 1792, Rougier Labergerie fit la proposition suivante : « Tous les peuples libres ont eu des lois sur l'adoption, nous devons donc au moins examiner si elles peuvent se concilier avec nos mœurs ; je demande que le comité de législation comprenne dans ses lois générales son plan sur l'adoption (2). Un décret fut rendu dans la même séance : « L'Assemblée nationale décrète que son comité de législation comprendra

(1) Dictionnaire de Droit Canonique. V° Adoption.
(2) Dalloz, Répert. Adopt. n° 16.

dans son plan général des lois civiles celles relatives à l'adoption (¹). »

La Constitution de 1793 reconnaissait l'adoption puisqu'on y voit : « Tout homme qui..... adopte un enfant est admis à l'exercice des droits de citoyen Français. »

Cependant jusqu'à la rédaction du Code civil, aucune loi ne fut promulguée relativement à l'adoption ; il est utile cependant de citer un décret du 16 frimaire an 8 portant règlement provisoire sur les adoptions faites antérieurement à la promulgation du Code Civil, décret dans lequel on lit (²) : « .... Considérant que l'adoption a été solennellement consacrée par la Convention Nationale ; que lorsqu'elle est exercée en faveur d'un individu, elle lui assure un droit dans la succession de celui qui l'a adopté ; que la conservation de ce droit exige l'emploi des mesures prescrites dans tous les autres cas pour la conservation des droits des mineurs....... Décrète en outre qu'à l'avenir et jusqu'à ce qu'il ait été statué par la Convention Nationale sur les effets des adoptions faites antérieurement à la promulgation du Code Civil, les juges de paix pourront, s'ils en sont requis par les parties intéressées lever les scellés pour la vente du mobilier être faite après inventaire, sur l'avis d'une assemblée de parents, sauf le dépôt jusqu'au réglement des droits des parties. »

La Convention Nationale pratiqua elle-même l'adoption.

Le 25 janvier 1793 elle rendit un décret par lequel elle adoptait la fille de Lepelletier St-Fargeau assassiné au Palais Royal par le garde du corps Paris pour avoir voté la mort de Louis XVI. « La Convention Nationale adopte au nom de la patrie, la fille de Michel Lepel-

---

(2) Bullet. des lois, 20. 83.
(1) Bullet. des lois, 49. 167.

letier, et elle charge son comité de législation de lui présenter très incessamment un rapport sur les lois de l'adoption. »

Le 15 Brumaire an 2, elle rendit un nouveau décret sur l'adoption. « Art. 1ᵉʳ. Les enfants en bas âge dont les père et mère auront subi un jugement qui emporte la confiscation des biens non déclarés appartenir à la république, en conséquence il sera assigné un lieu où ils seront nourris et élevés aux dépens du trésor national.

Art. 2. — Le comité de secours est chargé de présenter à la Convention sous 3 jours un projet de décret, afin qu'il soit assigné un local, et un mode convenable pour la nourriture, l'entretien et l'éducation de ces enfants. »

C'est dans ces circonstances que fut promulgué le 16 Germinal an XI, le titre du Code Civil relatif à l'adoption.

Les rédacteurs du Code qui faisaient une loi définitive n'avaient pas à s'occuper d'une question transitoire telle que les effets des adoptions antérieures au Code.

Il y avait là une lacune regrettable. La loi du 25 germinal an XI promulguée 23 jours seulement après le titre de l'adption est venue la combler (1). Cette loi étant venue régler une situation créée avant la publication du Code, c'est à ce titre que nous nous en occupons dans cette partie du travail. Voici le résumé de cette loi.

Les adoptions faites par acte authentique depuis le 18 janvier 1792 jusqu'à la publication du titre de l'adoption seront valables (art. 1). Celui qui aura été adopté en minorité pourra renoncer à l'adoption dans un délai de 3 mois soit à partir de la publication du titre de l'adoption

(1) Bull. des lois, 271, 2700.

soit dans les 3 mois qui suivront la majorité, si l'adopté est actuellement mineur (art. 2,). — Les adoptions auxquelles il n'aura pas été renoncé produiront les effets qui leur auront été attachés si elles ont été faites par acte ou contrat authentique (art. 3). — Si l'adoption n'a pas été ainsi faite, l'adoptant pourra dans les 6 mois qui suivront la loi se présenter devant le juge de paix pour y affirmer que son intention n'a pas été de conférer à l'adopté tous les droits de successibilité qui appartiennent à un enfant légitime ; au moyen de cette affirmation les droits de l'adopté seront réduits à un tiers des droits d'un enfant légitime (art. 4 et 5). — Si en vertu de l'art. 3 les droits de l'adopté étaient inférieurs à ceux accordés par le Code civil, une nouvelle adoption pourra lui conférer les droits d'un enfant légitime à condition que l'adoptant n'ait ni enfants ni descendants légitimes, qu'il ait 15 ans de plus que l'adopté, et qu'il obtienne le consentement de son époux s'il est marié (art. 6).

TROISIÈME PARTIE.

Adoption d'après le Code Civil.

TRAVAUX PRÉPARATOIRES.

Comme je l'ai déjà dit dans l'introduction, ce ne fut qu'après de vives controverses que l'adoption trouva sa place dans nos lois.

Dans les trois projets de Code Civil que le consul Cambacérès avait présentés, l'adoption était admise [1]; elle ne figurait pas dans le projet de Jacqueminot.

Dans le projet que Tronchet, Portalis, Bigot-Préameneu et Malleville furent chargés de rédiger l'adoption était passée sous silence.

Quelques cours réclamèrent; la cour de Cassation et la cour de Paris notamment, demandèrent que l'adoption fut reconnue par le législateur; d'autres se contentèrent de réclamer la réglementation des adoptions reconnues par l'Assemblée Nationale. « Tout ce qui tend à établir de nouveaux liens entre les hommes, disait la cour de Cassation, tout ce qui tend à multiplier les relations qui les rapprochent et les affections qui les unissent est une source de

---

[1] Fenet., t. 1, p. 29. 111. 148. 149. 184.

bons sentiments et de bonnes actions ; telle est l'adoption formant une parenté légale, un principe de bienfaisance, étant propre à inspirer aux êtres les plus délaissés de la société l'espérance d'acquérir un état qui leur manque et par cette espérance le désir de s'en rendre dignes. » (¹)

Le Tribunal d'appel de Paris était encore plus formel : « Nous ne pouvons nous dispenser de remarquer une grande omission qui a frappé beaucoup d'esprits. Les rédacteurs ne disent rien de l'adoption ; ils n'en ont pas même parlé dans leurs discours préliminaires.

Est-ce oubli de leur part? On ne peut le présumer. Ont-ils cru l'objet indigne d'examen ? On a lieu d'en être surpris après que l'adoption a été louée et recommandée aux législateurs par un si grand nombre de personnes auxquelles on ne peut contester des lumières et de la sagesse, que tant de citoyens ont en effet adopté ; que la république elle-même a adopté ; qu'on a décrété le principe de l'adoption et son effet général....... Le Tribunal d'appel examine les objections qu'on peut faire valoir contre l'adoption, les refute et conclut à ce qu'on introduise l'adoption ou tout au moins à ce qu'on étudie la question (²). »

Quant aux tribunaux d'appel de Lyon et de Nancy. ils réclamèrent qu'on voulut bien régler la situation des adoptions faites depuis le 18 janvier 1792. « Les lois antérieures, disait le Tribunal d'appel de Lyon, avaient établi l'adoption ; beaucoup d'enfants ont été adoptés ; cependant le Code ne prononce rien sur l'adoption. Il est nécessaire qu'il statue et s'il rejette qu'il fixe l'effet des adoptions déjà faites (³). »

---

(1) Fen., t. 2, p. 506.
(2) Fenet., t. 5, p. 161 et suiv.
(3) Fenet., t. 4, p. 75, et dans le même tome, p. 595. Voir l'observation dans le même sens du tribunal d'appel de Nancy.

C'est pour se conformer à ces réclamations que fut promulguée la loi du 25 germinal an XI dont nous avons donné l'analyse et qu'antérieurement à cette loi la section de législation rédigea un projet de loi sur l'adoption.

Dans la séance du 6 Frimaire an X, le conseiller Berlier, au nom de la section de législation présenta au conseil d'Etat, le projet de loi sur l'adoption. La discussion s'ouvrit sur le point de savoir si l'adoption devait être admise. Les avis furent partagés. Voici le résumé très-succinct de ces débats (1).

Malleville propose l'adoption comme mesure politique à l'égard des citoyens distingués ayant rendu des services à la patrie; l'adoption devrait être faite par un acte du Corps législatif. Il craint que l'adoption permise par une loi générale ne soit la source de mille abus.

Tronchet repousse l'adoption comme une institution aristocratique; l'adoption ne servirait qu'à satisfaire la vanité de ceux qui désirent perpétuer leur nom et leur famille, et l'adoption permise pour contenter la vanité des noms est inconciliable avec le régime républicain.

Portalis répond à Tronchet et dit que l'adoption blesserait sans doute l'égalité républicaine, si devenant une institution purement patricienne, elle devait perpétuer une noblesse héréditaire; mais lorsqu'elle est de droit commun et permise à tous les citoyens, elle n'introduit ni considération ni privilège. Quant à l'adoption comme mesure politique, il la repousse par cette seule considération qu'elle serait impossible parce qu'on ne pourrait établir de bases sur lesquelles on pourrait l'organiser; car on n'ignore pas combien la prétention d'avoir rendu des services ou d'être capable d'en rendre est commune.

(1) Fenet., t. 10, p. 247 et suiv.

Après diverses explications, le Conseil adopte en principe l'adoption et on renvoie le projet à la section pour le concilier avec les opinions émises.

Dans la séance du 14 frimaire an IX (¹) Berlier maintient l'adoption comme institution civile et repousse l'adoption politique. Dans un Etat, dit-il, où l'égalité des droits civils est proclamée, les grandes actions trouvent leur récompense dans la distribution des dons d'honneur, des pensions, et plus que tout cela dans la reconnaissance nationale. Si on la place ailleurs, tout est dénaturé et subverti.

Cette opinion fut admise puisqu'après la lecture du rapport on passa à la discussion des articles.

Diverses séances furent consacrées à l'étude de l'adoption et dans la séance du 4 nivôse an X le Premier Consul renvoya le projet à la section pour le diviser en titres et pour présenter une rédaction nouvelle conforme aux amendements adoptés.

La discussion fut interrompue pendant 11 mois 21 jours et ne fut reprise que le 27 brumaire an XI.

Bien que le principe de l'adoption ait été déjà admis, on remit tout en discussion, et la discussion s'ouvrit sur le principe lui-même (²).

Bigot-Préameneu dit qu'il rejette l'adoption parce qu'elle présente des difficultés relativement aux successions, et parce qu'elle lui paraît immorale ; elle place en effet un enfant entre sa fortune et l'abandon de ses parents. Il est cependant d'autres moyens de bienfaisance qui n'exigent pas de celui qui en est l'objet le sacrifice à des devoirs et des sentiments envers sa famille.

M. Regnaud (de St-Jean-d'Angely) répond que l'adoption présente à la vérité quelques difficultés par rapport aux suc-

(1) Fenet., t. 10, p. 276 et suiv.
(2) Fenet., t. 10, p. 368 et suiv.

cessions, mais qu'elles ne sont pas insurmontables. Au surplus, elle ne peut avoir les effets immoraux qu'on lui reproche, car loin d'obliger l'enfant adoptif à renoncer à l'affection qu'il doit à son père naturel, l'adoption lui facilite au contraire les moyens de soulager ce père dans son infortune.

Tronchet voit des inconvénients par rapport aux personnes et par rapport à la société. Par rapport aux personnes; les personnes entre lesquelles l'adoption aura lieu seront trop souvent trompées dans leur attente. Le père se déterminera à l'adoption plus ordinairement par haine pour ses héritiers que par bienveillance pour l'adopté. La vanité de perpétuer son nom n'est tolérable que dans le système nobiliaire. — Quant à la société, si l'adopté n'a de droits que sur les biens de l'adoptant, cet enfant devient un être monstrueux, il n'appartient pas à sa famille adoptive, et il est retranché de sa famille naturelle; s'il a tous les droits d'un enfant naturel, le législateur est injuste envers les parents du père adoptif et plus libéral qu'il ne peut être.

Le Premier Consul répond que l'adoption est si peu une conséquence du régime nobiliaire que c'est dans les Républiques qu'elle a été principalement en honneur. L'adoption, a-t-on dit, ne sert que la vanité. Elle a des avantages plus réels, elle sert à se préparer pour sa vieillesse un appui et des consolations plus surs que ceux qu'on attendait des collatéraux. L'adoption ne change d'ailleurs rien à nos mœurs, puisqu'elle ne fait que régulariser le droit existant de faire porter son nom.

L'adoption fut de nouveau et définitivement admise en principe; et avec juste raison, car si l'adoption peut engendrer des abus, elle est aussi la source de grands avantages, et Berlier pouvait dire au Corps Législatif, dans la séance du 21 Ventôse an XI : Eh ! comment sans faire injure au peuple Français, pourrait-on penser que son caractère répugne à une institution qui doit être tout à la fois un acte de consolation pour celui qui adopte et un acte de bienfaisance envers celui qui est adopté? Que la loi la consacre et les mœurs y applaudiront, elles y gagneront aussi, car le bien pour se faire a souvent besoin d'être indiqué (1).

Bien qu'on fut convenu des points principaux de la matière, la discussion fut longue et pénible, et ce ne fut qu'à la septième rédaction que le titre fut arrêté tel qu'il est inséré dans le Code.

Enfin après tant de vicissitudes et de lenteurs, le projet fut décrété par le Corps Législatif dans la séance du 2 Germinal an XI et promulgué le 12 du même mois.

~~~~~~~

Les tristes événements dont notre pays vient d'être le théâtre et la victime ont décidé les hommes courageux, qui dans ce moment de crise suprême ont pris en main le gouvernement de la France, à faire ce que fit la Convention pour la fille de Lepelletier St-Fargeau. Les enfants des citoyens morts pour la défense de la patrie, seront adoptés par la France ; c'est là une charge onéreuse, mais juste et nécessaire, c'est une dette sacrée que nous paierons avec patriotisme.

Voici le texte du décret :

Le Gouvernement de la Défense Nationale,

Considérant que dans la crise suprême que traverse la France, tous les citoyens doivent se lever, combattre, et s'il le faut, mourir pour chasser l'étranger,

---

(1) Fenet., t. 10, p. 422.

Considérant qu'en retour de leurs sacrifices, ils sont en droit d'attendre pour leurs familles l'appui de la patrie,
 Décrète,

ARTICLE UNIQUE. — La France adopte les enfants des citoyens morts pour sa défense. Elle pourvoira aux besoins de leurs veuves et de leurs familles qui réclameront le secours de l'Etat (1).

Et plus récemment encore, lorsqu'à la guerre étrangère ont succédé les horreurs de la guerre civile, après les épouvantables forfaits qui viennent d'ensanglanter la capitale, l'Assemblée Nationale a décidé que la famille du malheureux général Lecomte, mort martyr du devoir, assassiné par une bande de factieux, serait adoptée par la patrie; elle a toutefois laissé à la loi du budget le soin de réglementer les conséquences de cette adoption.

Et c'est ainsi qu'à des époques assez éloignées de notre histoire, mais qui ont malheureusement entr'elles, de trop tristes et de trop réelles ressemblances, l'adoption politique a été pratiquée.

CODE NAPOLÉON.

L'adoption dans les principes du Code Civil est un acte solennel qui sans faire changer de famille à l'adopté établit entre lui et l'adoptant plusieurs des droits et des devoirs attachés à la paternité et à la filiation. (2)

L'adoption a été parfaitement caractérisée par Berlier (3).
« L'adoption n'opérant pas de changements de famille, l'adoptant ne sera qu'un protecteur légal qui, sans jouir même fictivement des droits de la paternité complète, en

(1) Journal Officiel du 31 octobre 1870.
(2) Toullier, t. 2, n° 984.
(3) Fenet, t. 10, p. 423.

aura cependant quelques uns : ce sera, si l'on peut s'exprimer ainsi, une quasi-paternité, fondée sur le bienfait et la reconnaissance. »

Nous avons vu dans la première partie de ce travail qu'à Rome l'adoption était considérée comme un ressort politique ; il n'en est plus de même aujourd'hui, le Code Civil a organisé l'adoption sur le système de bienfaisance et en cela il s'est montré supérieur à toutes les législations qui ont admis cette institution.

On peut distinguer 3 espèces d'adoption : l'adoption ordinaire, l'adoption rémunératoire et l'adoption testamentaire. Je m'occuperai principalement des deux premières espèces d'adoptions et surtout de la première qui est de beaucoup la plus commune. Quant à la troisième elle n'est guère en usage ; elle se rattache à la tutelle officieuse, et cette institution est d'une application si rare que Duranton a pu dire d'elle qu'elle était dans notre Code comme un objet de luxe ; j'en dirai toutefois quelques mots.

Cette division n'a trait qu'aux conditions de l'adoption ; elles sont, en effet, plus ou moins sévères suivant qu'elle est ordinaire, rémunératoire ou testamentaire. Considérée au point de vue de ses effets, l'adoption est une : qu'elle soit ordinaire, privilégiée ou testamentaire, ses résultats sont toujours les mêmes.

CHAPITRE PREMIER.

De l'Adoption Ordinaire.

L'adoption ordinaire, nous dit Toullier, (n° 985) est une pure libéralité de la part de l'adoptant, elle est soumise à toutes les conditions établies par la loi. Sur cette adoption, j'étudierai ses conditions, ses formes et ses effets.

Section I.

Conditions requises pour l'Adoption ordinaire.

La loi exige six conditions de la part de l'adoptant et trois de la part de l'adopté.

§ 1. *Conditions requises chez l'adoptant.*

I. L'adoption est permise aux individus de l'un et de l'autre sexe âgés de plus de 50 ans (art. 343). Les femmes qui, à l'origine du Droit Romain, ne pouvaient adopter ne sont plus frappées de cette incapacité.

Le danger de l'adoption est de détourner du mariage, aussi le législateur a-t-il dû s'occuper tout d'abord de la question de savoir à quel âge l'adoption pourrait être permise. L'adoption bonne en soi, disait Berlier [1], manquerait son but si elle nuisait au mariage; mais les droits du mariage et ses vrais intérêts ne sont-ils pas suffisamment respectés quand la faculté d'adopter ne sera accordée qu'aux personnes âgées de plus de 50 ans ? Il est bien peu de personnes qui après 50 ans songent au mariage, disons plus, il est peu dans l'intérêt social qu'elles y songent.

II. L'adoptant doit avoir au moins 15 ans de plus que l'adopté (art. 343). Car la protection légale qui doit résulter de l'adoption perdrait toute sa dignité sans cette condition [2]. Ne peut-on pas trouver encore dans cette différence d'âge un vestige de la vieille règle Romaine : *Adoptio imitatur naturam ?*

III. Il faut que l'adoptant n'ait à l'époque de l'adoption

---

[1] Fenet, t. 10, p. 424.
[2] Berlier cité par Fenet, *loc. cit.*

ni enfants ni descendants légitimes (art. 343). Cette disposition, comme le disait fort bien le tribun Gary, se soutient d'elle-même. La loi n'a pas voulu que l'adoption put préjudicier aux enfants nés du mariage. Le motif de l'adoption n'existe plus d'ailleurs lorsque la personne peut reposer son affection sur les enfants que la nature lui a donnés.

Du texte formel de la loi, il résulte que l'existence d'un enfant naturel reconnu n'est point un obstacle à l'adoption. Il semblait qu'une doctrine si claire, admise par tous les auteurs ne devait souffrir aucune difficulté dans la pratique. Elle a été cependant discutée devant les tribunaux, mais la jurisprudence n'a pas hésité à repousser la théorie contraire. (¹)

La légitimation procure à l'enfant les droits d'un enfant légitime, mais à compter seulement de la célébration du mariage de ses père et mère. Si donc la légitimation est postérieure à l'adoption, comme la légitimation n'a pas d'effet rétroactif, l'adoption n'en restera pas moins valable.

Mais qu'arrivera-t-il s'il survient à l'adoptant depuis l'adoption un enfant légitime conçu lorsqu'elle a eu lieu ? Pour moi, je crois que l'adoption doit être considérée comme non avenue en vertu de cette vieille règle : *Infans conceptus pro nato habetur quoties de commodis ejus agitur.* L'intérêt de l'enfant conçu au moment de l'adoption est-il en jeu ? Cela est évident, puisque selon que l'adoption ne sera pas ou sera maintenue, l'enfant arrivera seul ou en concours à la succession de son père légitime. Telle est l'opinion générale (²). Cependant dans ses notes sur

---

(1) Paris, 20 avril 1860. Sirey, II, 331, maintenu en Cassation. 1861. S. I. 990.

(2) Demolombe, Adoption nᵒˢ 15 et suiv. Marcadé sur les art. 343 et suiv.

Proudhon t. II p. 192. M. Valette combat cette doctrine. L'adoption à son sens, constitue un état civil fixe, irrévocable ; il résulte de l'esprit du Code que la filiation ne saurait être conditionnelle ; d'ailleurs on ne peut reprocher à l'adoptant de n'avoir pas concentré toute son affection sur un enfant dont il ignorait peut-être la conception.

Ces considérations ne sont pas de force à ébranler la règle précitée. L'enfant conçu existe si bien aux yeux de la loi que les art. 725 et 906 lui accordent la faculté de recueillir les successions et les donations. D'un autre côté pourrait-on refuser d'annuler une adoption faite quelques jours seulement avant l'accouchement de la femme? Evidemment non, car ce serait favoriser sciemment un étranger au préjudice d'un enfant. D'ailleurs notre théorie ne contrarie pas juridiquement le caractère irrévocable de l'adoption, puisque s'il naît un enfant viable, l'adoption sera réputée nulle comme n'ayant pu valablement se former.

Pour apprécier si l'enfant était ou non conçu au moment de l'adoption, il ne faudra pas recourir aux fictions des art. 312 et suiv. ; ce sont là des fictions et par conséquent des règles de droit étroit qui n'ont été faites que pour résoudre des questions de légitimité. Ce point donnera donc lieu à une question de médecine légale.

L'absence présumée ou même déclarée d'un enfant légitime est un obstacle à l'adoption, elle ne peut suppléer la preuve du décès. La loi ne permet l'adoption qu'à ceux qui n'ont pas d'enfants ; or ici il est certain que l'enfant a existé, mais ce qui est incertain c'est sa mort ; et comme le décès de l'enfant n'est pas légalement prouvé, l'adoptant ne se trouve pas en état de soutenir qu'il est sans descendant légitime, il ne remplit donc pas les conditions exigées par l'art. 343 C. Nap.

Mais si sur de fausses preuves de décès l'adoption a été

sanctionnée par les tribunaux, je crois qu'elle doit être maintenue. C'est en effet au demandeur en nullité à prouver l'existence de l'enfant. Comme le dit M. Demolombe (¹) la loi ne présume, sur ces sortes de questions, ni la vie ni la mort de l'absent; c'est à celui qui affirme l'une ou l'autre à en fournir la preuve.

IV. L'adoptant doit avoir donné à l'adopté pendant six années de sa minorité des secours et des soins non interrompus (345).

Le motif qui a fait exiger cette condition est le suivant: Le législateur a voulu s'assurer que celui qui demande à la loi de lui conférer le titre de père en a déjà les sentiments; et la preuve de ces sentiments ne peut résulter que des secours accordés pendant six ans au moins à celui qu'on veut adopter et pendant sa minorité. Ce n'est pas en effet pour un individu déjà parvenu à sa majorité qu'on éprouve pour la première fois des sentiments de père. On les accorde d'abord à la faiblesse, aux grâces, à l'ingénuité, à la candeur de l'enfance (²).

Cette condition, dit Berlier, a paru si essentielle dans le principe du contrat et si heureuse dans ses effets qu'on n'a pas cru devoir en dispenser l'oncle vis-à-vis de son neveu comme cela était demandé par quelques personnes (³).

V. L'adoptant s'il est marié doit obtenir le consentement de son conjoint (344 2°).

Cette disposition est dans l'ordre des convenances et des égards que se doivent deux époux. Celui qui est adopté devant porter le nom et suivre la destinée de celui qui l'adopte il est naturel que le compagnon de cette destinée

---

(1) Adoption n° 22.
(2) Motifs de Gary. Fenet., t. 10, p. 466.
(3) Fenet., t. 10, p. 428.

soit consulté (¹). D'ailleurs la présence de l'adopté viendra blesser l'autre époux dans ses intérêts pécuniaires. Aussi je crois que le consentement serait même nécessaire dans le cas de séparation de corps. Ne pourrait-il pas se faire que cette adoption à laquelle l'autre conjoint n'aurait pas consenti n'affaiblît davantage la possibilité d'un rapprochement entre les époux ?

VI. L'adoptant doit jouir d'une bonne réputation. Si l'adoptant était sans mœurs l'adoption pourrait devenir un présent funeste (²).

Un célibataire peut-il adopter ? Les travaux préparatoires ne laissent aucun doute sur la solution de cette question.

La question avait été soulevée dans la discussion du conseil d'Etat, elle fut reprise par le Tribunat qui proposait d'ajouter aux diverses conditions imposées celle d'être ou d'avoir été marié. On repoussa cette proposition parce que, disait Berlier, les mariages qui se font à 50 ans sont peu dans l'intérêt de la société. D'ailleurs c'est peu connaître le cœur humain que de croire que la faculté d'adopter un jour encouragera le célibat même à l'âge où l'ordre social invite au mariage ; la nature veille ici pour la société, et de même qu'on aime mieux ses enfants que ceux d'autrui, de même le mariage ne recevra aucune atteinte de l'adoption. Pourquoi donc enlever cette consolation à des hommes qui ne se seront interdit le mariage que parce que des infirmités les auront avertis que cet état ne leur convient pas ? (³)

---

(1) Fenet., t. 10, p. 466.
(2) Fenet., t. 10, p. 432.
(3) Fenet., t. 10, p. 424.

§ II. *Conditions requises chez l'adopté.*

I. L'adopté doit être majeur. (346).

Par l'adoption, l'adopté dispose irrévocablement de sa personne et de son état ; or un acte de cette nature exige chez celui qui le fait une maturité d'esprit que n'a pas le mineur. Il est vrai que par le mariage le mineur dispose irrévocablement de sa personne, mais, comme le fait remarquer M. Valette, l'adoption n'est pas comme le mariage une institution nécessaire et fondamentale. D'après les projets du Code, les mineurs seuls pouvaient être adoptés, sauf à pouvoir renoncer à l'adoption lors de leur majorité, mais la discussion a fait voir les inconvénients d'un pareil système, et la règle contraire a été admise.

II. Si l'adopté n'a pas 25 ans accomplis il doit obtenir le consentement de ses père et mère ou du survivant, et s'il a plus de 25 ans il doit requérir leur conseil (346).

Des différences importantes séparent le consentement requis pour l'adoption du consentement requis pour le mariage : 1° En cas de dissentiment le consentement du père suffit pour le mariage, tandis que pour l'adoption le consentement du père et de la mère sont tous deux nécessaires (1).

2° La fille pour le mariage n'est tenue d'obtenir le consentement que jusqu'à 21 ans, tandis que pour l'adoption aucune différence n'existe entre le fils et la fille.

Sous ce double rapport la loi s'est montrée plus favorable au mariage qu'à l'adoption, sous deux autres rapports c'est l'inverse qui a lieu.

1° A défaut de père et de mère la loi n'exige pas pour l'adoption comme pour le mariage le consentement des ascendants.

---

(1) Contrà Marcadé sur l'art. 346, mais le texte est général.

2° Après 25 ans un seul acte respectueux suffit pour l'adoption tant pour le fils que pour la fille, tandis que pour le mariage trois actes respectueux doivent être faits par le fils âgé de 25 à 30 ans.

Pour être adopté l'époux a-t-il besoin de l'autorisation de son conjoint? La loi ne le prescrit pas d'une manière formelle et cette condition ne résulte d'aucun texte quant au mari. En ce qui concerne la femme, l'article 213 la place trop sous la subordination de son mari pour qu'elle puisse seule faire un acte aussi important sans son autorisation.

III. Nul ne peut être adopté par plusieurs si ce n'est par deux époux (344).

Il serait par trop contre nature d'avoir plusieurs pères ou plusieurs mères adoptifs. L'exception en faveur des époux est tracée par la nature des choses et par le titre même qui les unit. Associés dans l'espoir d'obtenir des enfants que la nature leur a refusés, ou que la mort leur a enlevés ils sont admis à en adopter d'autres qui remplaçant à leur égard les enfants du mariage peuvent appartenir à l'un et à l'autre des époux (1).

Je viens de poser des règles pour la plupart certaines et incontestables, puisqu'elles sont presque toutes contenues en propres termes dans la loi, je passe maintenant à l'examen de certaines questions qui sont controversées.

Un étranger peut il adopter ou être adopté? La solution de cette question dépend du choix que l'on fera entre les deux systèmes qui existent sur la condition des étrangers.

Un premier système n'accorde aux étrangers que les droits concédés par les traités internationaux ou par la

---

(1) Motifs de Berlier. Fenet, t. 10, p. 426.

loi ; un deuxième leur accorde tous les droits civils dont jouissent les Français, sauf ceux qui leur sont implicitement ou explicitement refusés par la loi (1).

J'adopte le premier système. Il résulte pour moi de l'art. 11 : « l'étranger jouira en France des mêmes droits civils que ceux qui sont ou seront accordés aux Français par les traités de la nation à laquelle cet étranger appartiendra. » ; il résulte encore des articles 3, 14, 15, 16, qui accordent aux étrangers certains droits limitativement déterminés.

Une preuve que le système que je soutiens est bien celui de la loi se trouve dans la loi du 14 juillet 1819. Pour attirer en France le numéraire qui manquait, le législateur a abrogé le système de réciprocité en matière de succession et de donation. Désormais les étrangers pourront succéder en France sauf une petite restriction posée dans l'art. 2. Je dis que je trouve dans cette loi la preuve que le système de réciprocité existe encore. En effet, puisqu'une réforme s'opérait dans ce système de réciprocité, le législateur, s'il voulait abroger entièrement ce système n'aurait-il pas du avant de supprimer les articles 726 et 912 supprimer l'art. 11 ? S'il ne l'a pas fait, c'est qu'il a vu les graves inconvénients qu'aurait entraînés une pareille décision. Les art. 726 et 912 ne sont que les conséquences d'un principe posé dans l'art 11 ; les conséquences sont détruites mais le principe subsiste.

Si on accorde à l'étranger en principe la jouissance de nos droits civils il en résultera qu'il sera le privilégié de la loi Française. Pouvons nous penser qu'il en soit ainsi ?

---

(1) Je ne parle ici que des étrangers qui résident en France sans l'autorisation du gouvernement ; s'ils y résident avec l'autorisation du gouvernement l'art. 13 leur accorde la jouissance de tous les droits civils.

Et quoi! nous voudrions que la loi Française traite sur le territoire de la France un étranger avec plus de faveur qu'un Français? Nous consentirions à voir un étranger échapper à la lourde charge du recrutement, aux fatigues et aux ennuis du jury etc...... et il jouirait encore de tous les avantages de nos lois? Nous voudrions que l'étranger profite du bénéfice de la loi sans en éprouver les inconvénients? Non cela est impossible. D'ailleurs les travaux préparatoires sont formels et on peut lire dans Fenet les motifs qui ont déterminé le législateur à admettre le système que nous soutenons (1).

Si le système que je viens de développer est vrai, il faudra dire que l'étranger ne peut adopter ni être adopté, car la loi ne lui a pas accordé cette faculté; il ne le pourra que si des traités internationaux existent (2).

Mais, a-t-on dit, l'adoption ne produisant aucun changement de famille ni de nationalité et se bornant à la transmission des biens ne peut-on pas soutenir que depuis la loi de 1849 tout au moins, l'adoption soit permise à un étranger? La Cour de Cassation dans son arrêt de 1825 cité à la note précédente a parfaitement répondu à cette objection. « Attendu que ce serait méconnaître le véritable caractère d'un acte d'adoption lequel fait entrer dans la famille de l'adoptant l'adopté pour en recueillir le nom, les biens, le titre et les dignités, que vouloir l'assimiler ou à l'aptitude qu'auraient les étrangers de jouir de certains droits réglés par la loi civile....... ou au simple

___

(1) Fenet, t. 7, *passim*, notamment p. 142 à 144, 628, 630 à 634, 646 à 648.

(2) Demolombe. Adoption n° 48. Marcadé sur l'art. 346, II. Merlin, Questions de Droit. V° Adoption, § II. Cass., 25 août 1823. Sirey, I, 353, et Req. 22 nov. 1825. *Contrà* Valette sur Proudhon, t. I, p. 177. Demangeat, Condition civile des étrangers, p. 352 et 363.

droit de succéder qui serait conféré à des étrangers soit en vertu de conventions diplomatiques et réciproques soit par l'effet de l'abolition du droit d'aubaine prononcée par la loi du 14 juillet 1819 (¹). »

Il est certain que le prêtre catholique peut être adopté, mais peut-il adopter ?

Pour les partisans du mariage des prêtres la question n'est pas douteuse, le prêtre peut adopter; mais un dissentiment existe sur ce point entre les partisans de la théorie opposée; les uns soutiennent, les autres combattent la validité d'une telle adoption.

Pour refuser au prêtre le droit d'adopter on dit : Le vœu du célibat est perpétuel, il n'implique en aucun cas le mariage; s'il n'implique en aucun cas le mariage, il n'implique pas les enfants par nature, s'il n'implique pas les enfants par nature, il ne les implique pas par imitation de la nature. Or qu'est-ce que l'adoption si ce n'est l'imitation de la nature ?

J'admets que le mariage est interdit au prêtre, mais je n'admets pas l'assimilation qu'on veut établir entre le mariage et l'adoption.

Si le mariage est interdit au prêtre, c'est qu'à mon sens la Constitution en admettant la liberté des cultes a reconnu les règlements et les lois de l'église, pourvu qu'ils ne soient pas contraires à l'ordre public; il est incontestable que les Canons de l'église interdisent au prêtre de se marier, et il est non moins certain que cet état de choses n'est pas contraire à l'ordre public, puisque l'Etat le tolère, le reconnaît lui-même et y ajoute sa sanction. Il n'en est pas de même de l'adoption ; comme nous le verrons plus loin aucune loi de l'Eglise n'interdit au prêtre d'adopter.

(1) Conf. Cass. 7 juin 1826.

Et pourquoi établir une prohibition à cause de cette formule : Adoptio imitatur naturam ? Cette formule est-elle donc rigoureusement exacte ? Non, puisque l'adoption est permise à un célibataire, et puisqu'un époux peut adopter sans que l'autre adopte.

D'ailleurs il n'est pas exact de dire qu'il y ait corrélation entre l'idée de mariage et l'idée d'adoption ; l'adoption n'est pas la fiction du mariage, mais seulement de la paternité, or il est certain qu'un homme veuf, père de famille peut arriver au sacerdoce. Il est vrai que le prêtre catholique ne peut avoir des enfants depuis son ordination, mais il n'en reste pas moins vrai que l'idée de prêtrise et l'idée de paternité légitime ne sont pas absolument incompatibles.

Mais, ajoute-t-on, l'adoption détournerait le prêtre de cette mission de dévouement et d'abnégation que son caractère lui impose. Quelle est cette femme, disait de Cormenin ? (¹) l'Eglise. Quelle est sa famille ? l'humanité. Quels sont ses enfants ? les pauvres...... S'il adopte et s'il n'amasse pas pour son fils, il manque à ses devoirs prévoyants de père ; s'il adopte et s'il amasse pour soi, pour son fils, pour ses petits-enfants, il manque à ses devoirs aumôniers de prêtre.

Voilà certes des considérations puissantes qui pourraient exercer une bien grande influence s'il s'agissait de faire la loi, mais qui ne sauraient en avoir pour son interprétation. Aucun texte de Droit Canon n'interdit au prêtre d'adopter ; c'est ce que reconnaissait Mgr Affre lorsqu'il écrivait : aucune décision du Droit Canon ne peut faire déclarer invalide un acte d'adoption contracté par un prêtre, bien qu'un pareil acte soit certainement opposé à l'esprit de l'Eglise. Il

(¹) *Gaz. des Trib.* 24 juillet 1844.

est vrai que Mgr Guillon, évêque du Maroc, était d'un avis contraire, mais que peut-on conclure de cette divergence? Que la question est une question douteuse, et l'on ne saurait créer un empêchement sur une question débattue et controversée.

Les considérations morales que les partisans de la négative ont mises en avant, me font regretter de ne pas voir dans nos lois une disposition analogue à celle que nous trouvons dans le Code Autrichien, qui défend l'adoption à ceux qui ont solennellement fait vœu de célibat; une disposition analogue se trouve dans les Codes Sarde, Bavarois et Prussien. Mais ne trouve-t-on pas d'ailleurs dans la loi, le remède à côté du mal? Comme le fait remarquer M. Dalloz, les hautes considérations de morale n'échapperont pas aux tribunaux; elles entreront nécessairement dans les éléments de leur conviction, sans qu'ils aient besoin de le dire, puisqu'ils ne sont pas tenus de motiver leurs jugements en pareille matière, et la prudence leur conseillera de répondre à la demande du prêtre par la formule laconique de la loi : Il n'y a pas lieu à l'adoption (1).

C'est ici que se présente l'examen d'une des questions les plus graves et les plus controversées. Un enfant naturel peut-il être adopté par le père et la mère qui l'ont reconnu?

Il est curieux de connaître sur ce point l'histoire de la jurisprudence. La question divisait les cours d'appel, lorsque la cour de cassation appelée à se prononcer, décida le 28 avril 1844 que l'adoption par son père d'un enfant naturel reconnu était possible. En 1848 la question se présente de nouveau devant la Cour suprême qui se prononce le 16 mars contre la validité d'une telle adoption. Enfin le 1er avril 1846

---

(1) Demolombe, Adopt. n° 54 et suiv. Demante, t. II, n° 80. Zachariœ, Aubry et Rau, Rej. 26 novembre 1844. Sir. 1844, I, 801. Contrà Marcadé, art. 346; III, Duranton et Delvincourt.

la Cour revient à sa première décision (1), et depuis lors elle a toujours jugé dans le même sens (2).

Les Cours d'appel se sont toutes rangées à cette décision qu'elles avaient d'ailleurs pour la plupart adopté déjà. Seule la cour d'Angers par un arrêt du 14 août 1867 a soutenu la nullité d'une pareille adoption (3).

Cette incertitude de la jurisprudence se retrouve parmi les auteurs, car Toullier a soutenu l'affirmative et la négative, et Merlin a changé trois fois d'opinion.

Je pense avec beaucoup d'auteurs et notamment avec Marcadé et M. Demolombe que cette adoption ne peut être permise.

Quel est le but de l'adoption? C'est de créer entre deux personnes des rapports de paternité et de filiation, or le père naturel et son enfant sont déjà unis par des liens de paternité et de filiation, il est donc impossible qu'un père adopte son enfant naturel reconnu. Cet argument fort simple ne saurait être écarté par cette considération que cette définition de l'adoption est arbitraire, qu'elle n'est inscrite nulle part dans la loi. Il suffit d'ouvrir les travaux préparatoires pour être convaincu que tel a été le but du législateur. Le tribun Perreau disait notamment : « Telle est l'adoption qui, à défaut de liens que la nature a négligé de former ou a laissé rompre, *vient en créer pour unir deux êtres jusque là étrangers l'un à l'autre en donnant à la bienfaisance toute l'étendue de l'amour paternel et à la reconnaissance tout le charme de l'amour filial.* » (4)

---

(1) Sirey, 41, I, 273; 43, I, 97; 46, I, 273.
(2) Voyez notamment arrêts du 18 juin 1861, Sir., 61, 990, du 8 décembre 1868, Sir., 1, 159 et arrêt du 13 mai 1868, cassant un arrêt de la cour d'Angers. Dalloz, 68, 1, 251
(3) Sirey, 1868, 2, p. 44.
(4) Fenet, t. 10, p. 437. — Voyez aussi les paroles de Berlier et de Gary, pp. 423 et 466.

Mais, dit-on, l'adoption est une paternité fictive, or dès qu'on admet la fiction, de quel droit opposerait-on la légalité ! La fiction admet une hypothèse imaginaire, et il serait puéril d'exiger que toutes les conditions de la vérité se trouvassent remplies. Il est vrai que l'adoption est une fiction, mais comme toute fiction elle doit être réduite dans d'étroites, et l'on ne peut ajouter à la fiction, alors qu'on ajouterait une disposition contraire à la nature des choses, et il est certainement contraire à la nature des choses de parler de créer des rapports de paternité et de filiation lorsque ces rapports existent déjà.

Les articles du Code Napoléon qui parlent de l'adoption indiquent bien l'impossibilité que nous signalons. Parcourons-en quelques-uns.

L'art. 345 dit que pour adopter il faut avoir fourni à l'enfant, dans sa minorité et pendant 6 ans au moins des secours et lui avoir donné pendant ce temps des soins non interrompus. Le bon sens, les travaux préparatoires qui considèrent à chaque instant ces soins comme un *acte de générosité*, comme *un bienfait*, ne nous permettent pas d'appliquer cet article au père qui est obligé non seulement de donner des soins à son enfant, mais encore de l'élever, de le nourrir, de l'entretenir (1). L'art. 346 exige la majorité de l'enfant, afin qu'il soit consulté, mais si le père pouvait adopter son enfant aurait-il besoin du consentement de ce dernier et par tant de sa majorité ? Ce consentement est-il nécessaire pour la reconnaissance et pour la légitimation ?

L'adoption rémunératoire ne sera pas possible avec le système contraire, car la loi a voulu récompenser le dévouement, elle a voulu, comme le disait Berlier, encourager les

---

(1) Bien que la loi ne parle de ces obligations que pour le père légitime, tout le monde est d'accord pour reconnaître qu'elles s'appliquent au père naturel ; les travaux préparatoires sont du reste formels en ce sens.

grandes et belles actions, et l'enfant en exposant ses jours pour sauver la vie de son père, n'a fait qu'accomplir un devoir. On accuse cette conséquence de rigorisme et on s'étonne qu'on ne permette pas de faire en faveur de l'enfant ce que le père pourrait faire en faveur de tout étranger ; mais il ne peut y avoir un mérite susceptible d'être récompensé par le législateur, là où il n'y a que l'accomplissement d'une obligation naturelle et sacrée. Un fils doit toujours être prêt à exposer sa vie pour celui de qui il l'a reçue.

Quels seront donc les effets que produira cette adoption ? Sera-ce l'effet de porter le nom du père ou de la mère qui adoptera (347)? Mais la reconnaissance a déjà donné à l'enfant le nom de l'auteur qui l'a reconnu. Sera-ce d'établir des empêchements au mariage (348)? Mais ces empêchements la reconnaissance les a établis. Sera-ce de créer l'obligation de la dette alimentaire ? Mais cette obligation a été créée par la reconnaissance.

Et qu'on remarque la valeur de l'argument tiré de ces articles. Ces textes sont tous également significatifs, ils supposent constamment que l'adopté est étranger à l'adoptant, puisqu'il ne porte pas le nom de celui-ci, que le mariage n'est pas impossible entre eux, qu'il n'y a pas entre eux d'obligation préexistante de se fournir des aliments, qu'il n'appartient pas à la même famille ; toutes choses qui ne se retrouvent pas si l'adoptant est le père de l'adopté. Il en est de même des art. 347 et 351 qui mettent encore en présence des familles bien distinctes, la famille naturelle de l'adopté et la famille de l'adoptant, antagonisme qui acquiert une très grande force, parce qu'il est constant dans le titre de l'adoption.

Si tous les effets de l'adoption que nous venons d'énumérer ne sont pas produits par notre adoption, l'effet unique de cette adoption sera donc de conférer à l'adopté des droits plus étendus que ceux que la loi lui confère en qualité d'enfant naturel reconnu ; mais la loi prohibe formellement un pareil état de choses dans les art. 757, 908 et 911 C. Civ. On essaie de repousser l'argument en disant que ce n'est pas en sa qualité de bâtard que l'enfant vient à la succession, mais en sa qualité de fils adoptif. C'est là, à mes yeux, une grave erreur.

L'art. 349 dit en effet que l'adopté restera dans sa famille naturelle c'est-à-dire que malgré l'adoption l'enfant restera ce qu'il était auparavant ; l'opinion contraire admise dans les premiers projets a été rejetée. Cela est si vrai, que la qualité d'enfant naturel continuera à produire après l'adoption certains effets que l'adoption ne produit pas ; ainsi les empêchements de mariage seront plus nombreux, le consentement ou le conseil du père naturel sera requis pour le mariage. Si donc la qualité d'enfant naturel subsiste toujours c'est en qualité d'enfant naturel que l'adopté viendra réclamer sa part dans la succession ; mais alors il se heurtera contre les dispositions des art. 908 et 911, et par conséquent cette adoption sera légalement inutile.

Les travaux préparatoires avaient été invoqués par le Procureur Général Dupin devant la Cour de Cassation, mais on a démontré jusqu'à la dernière évidence l'erreur de cette allégation. Oui, si on s'arrête avec l'éminent magistrat au 4 nivôse an X les travaux préparatoires nous seraient contraires, puisque dans cette séance on maintint la suppression faite le 16 frimaire an X de l'art. 9 qui prohibait l'adoption de l'enfant naturel. Mais après 11 mois 21 jours d'interruption la discussion fut non pas reprise, mais recommencée à nouveau le 27 brumaire an XI. Je dis qu'il n'y eut pas une reprise de la discussion parceque tout fut remis en question même le principe de l'adoption ; on fit, pour ainsi dire, table rase de ce qui avait été fait, à tel point que le système admis en l'an XI est entièrement différent du système qui avait prévalu en l'an X.

Un des inconvénients qu'on signalait dans l'adoption était celui de déguiser les avantages qu'un père voudrait faire à ses enfants naturels. Treilhard y répondit: « L'inconvénient de couvrir les avantages qu'un père veut faire à ses enfants n'a rien de réel. En effet si les enfants sont reconnus, *ils ne peuvent être adoptés* (1). » Ces paroles ne soulèvent pas d'objections. Le Premier Consul qui avait entièrement modifié ses idées sur l'adoption pendant les 11 mois d'intervalle, dit : « L'adoption sert au commerçant au manufacturier *privés d'enfants* à se créer un aide et un successeur (2). »

Si l'on parcourt ensuite les discussions, on y verra toujours cette idée que l'adoption suppose un adoptant sans enfants. Berlier disait dans son exposé des motifs : « Puisque l'adoption n'est accordée que comme consolation à l'adoptant, il doit non seulement *être sans enfants*, mais il doit encore avoir passé l'âge où la société invite au mariage (3). » Le rapporteur du Tribunat disait aussi : « telle est l'adoption qui à défaut de liens que la nature a négligé de former...... *vient en créer un pour unir deux êtres jusque là étrangers l'un à l'autre* (4). » — Le tribun Gary disait devant le Corps-Législatif : « L'adoption est un bien pour celui qui adopte ; car elle lui donne la qualité *de père que la nature lui avait refusée.* — Celui *qui demande à la loi de lui conférer le titre de*

---

(1) Fenet, p. 10, p. 472.
(2) *Loc. cit.*, p. 473.
(3) *Loc. cit.*, p. 423.
(4) *Loc. cit.*, p. 437.

père doit en avoir déjà les sentiments. — L'adoption est une image de la nature, mais combien cette image est faible, qu'il y a loin dans le cœur de l'homme de l'enfant de son sang à l'enfant de son choix (1). »

On le voit les travaux préparatoires loin de nous être contraires nous sont favorables.

En établissant le système que je crois préférable j'ai déja répondu à plusieurs objections, il me reste à en réfuter d'autres.

Les incapacités sont, dit-on, de droit étroit; tout ce qui n'est pas défendu est permis, or notre adoption n'ayant pas été défendue par la loi doit être autorisée. Si ce principe est vrai en droit pénal, je ne crois pas qu'il soit absolument vrai en droit civil et on peut en cette matière se guider d'après les principes du Droit Romain relatés au Digeste, lois 29 et 30 de legibus. La loi n'a pas tout prévu, elle laisse au juge une certaine latitude, mais on ne peut aller contre la volonté du législateur. Or, il résulte des textes que nous avons parcourus, il résulte des travaux préparatoires que si aucun article ne prohibe expressément l'adoption d'un enfant naturel par son père, le législateur toutefois n'a pas entendu sanctionner une pareille adoption, l'esprit de la loi s'y oppose.

Comme l'a dit M. Odilon Barrot, il ne s'agit pas d'une incapacité, il s'agit d'une impossibilité absolue et substantielle, d'une impossibilité inhérente au caractère de l'adoption et qui n'avait pas besoin d'être écrite. Sans sortir de notre matière, y a-t-il dans le Code un article qui décide qu'on ne pourra faire une adoption à terme, ou sous condition ou avec une clause résolutoire ? qui interdise au mari d'adopter sa femme ? et quelqu'un oserait-il soutenir la

(1) Fenet, t. 10, pp. 460. 466. 470.

validité de pareilles adoptions en s'appuyant sur la règle que nous discutons? Non, personne ne l'a fait, personne ne le fera; c'est qu'il y a des choses qui sont incompatibles avec le caractère essentiel de l'adoption. Et de même qu'il est impossible d'être le fils d'une personne à terme ou sous condition, il est également impossible *de devenir le fils de quelqu'un lorsqu'on l'est déjà.*

On a invoqué en faveur de l'adoption l'autorité des lois Romaines. Je ne reviendrai pas sur le système que j'ai développé dans la première partie de ce travail(1), mais à supposer que cette adoption fut permise à Rome, cela ne saurait avoir d'influence sur la solution de la question en Droit Français parce que les principes en matière d'adoption sont entièrement différents dans les deux législations.

On a fait enfin valoir des considérations morales très-séduisantes, mais qui ne sauraient avoir une influence quelconque lorsqu'il s'agit d'appliquer la loi.

Si on empêche l'adoption de l'enfant naturel, a-t-on dit, on lui fait subir une peine qu'il ne mérite pas. Cela est vrai, mais on ne peut nier que tel est l'esprit de nos lois. Il suffit de parcourir le Code pour se convaincre que l'enfant naturel souffre d'une faute qu'il n'a pas commise; c'est ainsi qu'il ne peut recueillir dans la succession de ses père et mère naturels une part égale à celle des enfants légitimes. Ces décisions sont rigoureuses, j'en conviens; mais on ne pouvait, sans porter atteinte à l'institution du mariage, en répandant le goût des unions illégitimes, assimiler les enfants naturels aux enfants légitimes.

Si l'on invoque l'intérêt de l'enfant, victime d'une faute dont il n'est pas l'auteur, on peut bien opposer à cet intérêt privé l'intérêt social, l'intérêt des bonnes mœurs.

---

(1) P. 85 et suiv.

L'adoption ne saurait être comparée à la légitimation par mariage subséquent. La légitimation est la réparation complète d'une faiblesse, le mariage subséquent efface la tache originelle, fait disparaître jusqu'aux vestiges de la faute ; quant à l'adoption elle ne fait rien disparaître. En repoussant les divers modes de légitimation, en n'admettant que le mariage subséquent, le législateur a montré qu'il voulait préserver de toute atteinte, une des bases de l'ordre social, le mariage ; il a voulu précisément que le remède fut approprié au mal et que celui qui avait eu le tort d'oublier les principes de la morale ne put réparer sa faute qu'en suivant la voie qu'il n'aurait jamais dû abandonner. (1)

Il va sans dire que pour moi l'adoption d'un enfant adultérin ou incestueux par son père ou sa mère ne saurait être permise ; les raisons que je viens de développer s'appliquent également à cette hypothèse. Mais parmi les partisans de l'adoption des enfants naturels le plus grand nombre hésite, et ne pousse pas le système jusqu'au bout et n'admet pas qu'un enfant adultérin ou incestueux puisse être adopté. Cela n'est pas logique ; car en partant du principe que tout ce qui n'est pas défendu est permis, principe que ces auteurs font valoir pour les enfants naturels simples, ils devraient arriver ici à la même conclusion.

Section II.

Formes de l'Adoption Ordinaire.

L'adoption est un contrat, et comme tout contrat, elle doit se former par le consentement des parties. Cependant à cause des intérêts considérables engagés dans l'a-

---

(1) Pour l'adoption, Valette sur Proudhon, II, p. 217 et suiv. Valette ; Explic. somm., p. 202 et suiv. Duranton, Aubry et Rau, etc. Contrà : Odilon-Barrot, Encyclopédie du droit, v° adoption, n° 32 et suiv. Marcadé, art. 346, n° 4. Demante. Demolombe, n° 50 et suiv., Adoption. Benoch, de l'Illégalité des enfants naturels.

doption, à cause de la gravité de cet acte, le législateur ne s'est pas contenté comme dans la grande partie des contrats, du consentement seul des parties, il a voulu subordonner un acte aussi important à des formes solemnelles qui garantiraient la parfaite indépendance des parties et les mettraient en garde contre des entrainements trop faciles.

Les formes de l'adoption sont au nombre de trois principales : 1° consentement des parties manifesté devant le juge de paix qui en dresse acte ; 2° homologation du contrat d'adoption par la justice ; 3° inscription de l'adoption sur les registres de l'état civil.

1° « La personne qui se proposera d'adopter et celle qui voudra être adoptée se présenteront devant le juge de paix du domicile de l'adoptant, pour y passer acte de leurs consentements respectifs. art. 353. »

Le consentement est la base du contrat d'adoption ; le concours des volontés constitue à proprement parler le contrat d'adoption. Sa perfection est sans doute subordonnée à d'autres conditions, mais lorsqu'elles seront accomplies, elles rétroagiront au jour du consentement. Ce contrat bien que conditionnel produit un résultat important, c'est qu'il ne peut être dissout par la volonté de l'une des parties ; sa dissolution ne peut résulter que d'un consentement mutuel. Ce principe est consacré par un arrêt de la Cour de Grenoble qui décide que l'ingratitude de l'adopté ne pourrait entrainer la résolution de l'adoption [1].

Le consentement doit être donné devant le juge de paix du domicile de l'adoptant qui en dresse procès-verbal. La présence du juge de paix est nécessaire pour prémunir

---

[1] Grenoble, 2 mars 1842. Sirey, 43. 2. 171.

les parties contre des entrainements et pour les avertir de la gravité du contrat. C'est devant le juge de paix du domicile de l'adoptant que les parties comparaissent, parce que l'adoption doit placer l'adopté dans une position de déférence vis à vis de l'adoptant; c'est donc à l'adopté à subir un déplacement si les parties ne sont pas domiciliées dans le même canton, d'ailleurs comme le fait remarquer M. Demolombe (¹), l'homologation de ce contrat doit être demandée au Tribunal et à la Cour dans le ressort desquels se trouve le domicile de l'adoptant, les magistrats de ce domicile étant mieux placés que tous autres pour vérifier si les conditions requises par la loi sont accomplies et surtout si l'adoptant jouit d'une bonne réputation.

L'art. 253 semble supposer que les parties doivent comparaitre en personne devant le juge de paix. C'est aussi l'opinion de Grenier qui s'appuie sur l'article 353 et sur la gravité de l'adoption. Cependant on admet généralement l'opinion contraire. L'art. 1984, dit-on, autorise à se faire représenter dans les actes de la vie civile, et l'art. 36 accorde cette faculté pour les actes de l'état civil. Quant à l'art. 353 il n'est pas pohibitif et ne statue que sur le *plerumque fit*; mais il est évident que la procuration doit être spéciale et authentique (²).

2° Les art. 354 et suivants règlent l'homologation du contrat d'adoption par la justice.

La partie la plus diligente se fait délivrer par le juge de paix qui l'a reçue une expédition de l'acte d'adoption et la transmet dans les 10 jours du contrat au Procu-

---

(1) Adoption, n° 90.
(2) Bruxelles, 22 avril 1807. Sirey, 7. 2. 174. — Demolombe, Adoption, n° 88.

reur de la République près le tribunal de première instance dans le ressort duquel se trouve le domicile de l'adoptant pour être soumise à l'homologation du Tribunal.

Dans la pratique, c'est par requête d'avoué que le Tribunal est saisi de la demande en homologation (1).

Le tribunal saisi par le Procureur de la République ou par requête d'avoué « se réunit dans la chambre du conseil et après s'être procuré les renseignements convenables, vérifiera, 1° si toutes les conditions de la loi sont remplies ; 2° si la personne qui se propose d'adopter jouit d'une bonne réputation. Art. 355. »

« Après avoir entendu le Procureur de la République et sans aucune autre forme de procédure, le Tribunal prononcera sans énoncer de motifs en ces termes : *Il y a lieu, ou il n'y a pas lieu à l'adoption*. Art. 356. »

« Dans le mois qui suivra le jugement du Tribunal de première instance, ce jugement sera, sur les poursuites de la partie la plus diligente, soumis à la Cour d'appel, qui instruira dans les mêmes formes que le Tribunal de première instance, et prononcera, sans énoncer de motifs : *Le jugement est confirmé, ou le jugement est réformé ; en conséquence, il y a lieu ou il n'y a pas lieu à l'adoption.* Art. 357. »

« Tout arrêt de la Cour d'appel qui admettra une adoption sera prononcé à l'audience et affiché en tels lieux et en tel nombre d'exemplaires que le Tribunal jugera convenable. Art. 358. »

Le caractère de cette procédure se trouve parfaitement démontré dans les discours des orateurs du gouvernement.

Les juges n'ont point comme dans tous les autres actes de leur juridiction des preuves à recueillir mais des ren-

(1) Cass., 1 mai 1861. Sirey, 1. 513.

seignements à se procurer. Ils ont à vérifier si l'adoptant jouit d'une bonne réputation, sage disposition qui fait de l'adoption le prix et le partage exclusif de la probité, et qui éloigne à jamais la crainte qu'elle puisse servir de voile à des combinaisons réprouvées par la morale. Mais cette disposition même montre la nature du pouvoir confié aux tribunaux : c'est un pouvoir purement discrétionnaire. La loi remet dans leurs mains le dépôt des mœurs, leur conscience est la conscience publique. Aussi ne sont-ils soumis à aucune des formes ordinaires de l'instruction et des jugements. Tout se fait dans la chambre du conseil et sans qu'ils aient à rendre compte des motifs de leur décision (1).

La procédure secrète est admise parce que si les Tribunaux sont appelés à rejeter quelquefois des demandes imprudentes d'adoption, il serait inutile de les mulcter par une fâcheuse publicité (2).

Cette procédure secrète n'empêche pas le Tribunal de commettre un juge pour être statué sur son rapport, c'est ce qu'a décidé la cour de cassation le 21 mars 1859 (3).

L'art. 357 qualifie de jugement la décision du Tribunal qui accorde ou refuse l'adoption. Je crois que c'est là une expression vicieuse qui s'est glissée dans la loi. Un jugement ne peut être que la désision d'un tribunal qui statue sur un différend ; or ici la décision du tribunal ne tranche pas un différend, et c'est, je crois, à tort qu'une pareille décision est qualifiée de jugement.

L'homologation du Tribunal est-elle nécessaire pour que l'affaire soit portée devant la Cour d'appel ? On a soutenu

---

(1) Fenet, t. 10, Formes de l'adoption, paroles de Gary.
(2) Exposé des motifs, Fenet, t. 10, p. 433.
(3) 59 Sirey, I, 830.

que pour que la Cour soit appelée à statuer il fallait nécessairement que le jugement ait déclaré qu'il y avait lieu à adoption, et on s'est fait une arme de l'art. 357. Les mots « *le jugement est confirmé* », a-t-on dit, ne se rapportent qu'à ceux-ci « *en conséquence il y a lieu à l'adoption* » tandis que les mots « *le jugement est réformé* » ne se rattachent qu'à ceux-ci, « *en conséquence il n'y a pas lieu à adoption.* »

Cette manière de raisonner ne me paraît pas juste. Elle contrarie notre organisation judiciaire qui repose sur une juridiction à deux degrés. S'il y avait un texte formel, il faudrait s'incliner, mais je ne trouve pas que le texte ait le sens qu'on lui prête. Il me semble qu'il faut lire entre les lignes pour arriver à donner une pareille signification à notre article.

Dans un des projets, trois articles comprenaient les dispositions qui ont plus tard été réunies dans l'art. 357 ; un de ces articles, l'art. 26 disait : « Si le Tribunal refuse cette autorisation l'on pourra appeler de son jugement (1) » Si dans la rédaction définitive on a réuni ces trois articles, ce n'est certainement pas dans le but de supprimer cette règle protectrice, mais dans un but de précision.

Dans mon opinion, voici le sens de l'art. 357 *in fine*. Si le jugement est confirmé, on dira : « il y a lieu ou il n'y a pas lieu à l'adoption » suivant que le Tribunal avait accordé ou refusé son homologation ; si le jugement est réformé, on dira : « il y a lieu ou il n'y a pas lieu à l'adoption » suivant que le Tribunal avait refusé ou accordé son homologation.

On controverse également la question de savoir si les arrêts qui admettent ou rejettent l'adoption doivent être

(1) Locré, t. VI, p. 436.

rendus en audience solemnelle. La pratique n'est pas bien fixée sur ce point. La Cour de Cassation dit qu'un tel arrêt *peut* être rendu en audience solemnelle, tandis que plusieurs Cours d'appel décident que les demandes d'adoption doivent être jugées en audience ordinaire et que si les chambres réunies sont appelées à se prononcer sur une adoption, elles doivent se déclarer incompétentes (1).

J'adopterai l'opinion des Cours d'appel. Le principe est que les affaires sont portées aux audiences ordinaires ; il faudrait donc un texte formel pour qu'on puisse décider autrement. Le texte existe, dit-on, c'est l'art. 22 du décret du 30 mars 1808. Que dit cet article 22 ? « Les contestations sur l'état civil des citoyens à moins qu'elles ne doivent être décidées à bref délai seront portées aux audiences solemnelles. » Je trouve dans cet article la confirmation de mon opinion. De deux choses l'une, ou ces mots : « contestations sur l'état civil des citoyens » ne comprennent pas l'arrêt d'adoption, où ils le comprennent ; dans l'un et l'autre cas la solution est la même.

Je prétends toutefois que les arrêts d'adoption ne peuvent rentrer dans ces mots « contestations sur l'état-civil » puisque dans ces affaires le pouvoir du juge est purement gracieux et qu'il n'y a pas de plaidoiries et partant pas de contradictions. Mais à supposer qu'on puisse faire rentrer les arrêts d'adoption parmi des contestations sur l'état-civil il n'en serait pas moins vrai que de pareilles affaires ne sauraient être portées en audience solemnelle, puisque le décret de 1808 établit une exception pour les affaires à bref délai et que les arrêts d'adoption aux termes de l'art. 357 sont rendus à bref délai.

---

(1) Cass., 24 août 1852. Sirey, 52, 1, 17. — Limoges, 4 juin 1840. S., 50, 2, 209. — Dijon, 9 août 1854. S., 56, 2, 47. Sur ce dernier arrêt une note de Marcadé.

Les tiers et les parents intéressés peuvent remettre des notes au ministère public. Il est vrai que l'art. 360 semble ne permettre cette mesure qu'après le décès de l'adoptant, mais d'abord Berlier a dit dans la discussion que les parties intéressées peuvent remettre des mémoires aux magistrats chargés du ministère public [1]; et puis ces mémoires n'ont aucun caractère judiciaire. D'ailleurs comme le font remarquer MM. Aubry et Rau, il n'y a point en notre matière d'opposition comme pour le mariage, et il faut bien que les juges connaissent les empêchements qui s'opposeraient à l'adoption.

L'adoption une fois décidée, il est nécessaire que les tiers connaissent le changement d'état des parties, aussi l'art. 357 veut-il que l'arrêt d'homologation soit prononcé en audience publique, et il organise même un mode spécial de publicité qui consiste à afficher l'arrêt en tels lieux et en tel nombre d'exemplaires que la Cour jugera convenable.

Pour ne pas blesser dans l'opinion publique ceux que les tribunaux jugent indignes d'adopter, la loi ne veut pas que l'arrêt qui déclare n'y avoir lieu à adoption soit prononcé en audience publique et la Cour de Cassation a décidé qu'un arrêt rendu dans de telles conditions était nul [2].

Le rejet d'une demande d'adoption n'empêcherait pas les parties de présenter une nouvelle demande soit devant les mêmes tribunaux soit devant des tribunaux différents. On ne peut objecter le principe : *non bis in idem*, parce qu'en cette matière il n'y a rien de contentieux; le refus d'homologuer une adoption est un acte de juridiction gracieuse ; d'ailleurs les motifs qui ont porté le juge à refuser une première fois l'homologation, n'existent peut-être plus

---

[1] Locré, t. 6, p. 570.
[2] Cass., 22 mars 1848. Sir., 48. 1. 372. — Cass., 22 février 1866. — Sir., 66. 1. 220.

3° Inscription de l'acte d'adoption sur les registres de l'état-civil.

L'arrêt de la Cour ne suffit pas pour consommer l'adoption; dans les trois mois qui suivent, elle doit être inscrite, à la réquisition de l'une ou de l'autre des parties, sur le registre de l'état civil du lieu où l'adoptant a son domicile. Cette inscription n'a lieu que sur le vu d'une expédition en forme du jugement de la Cour d'appel, et l'adoption reste sans effet si elle n'a pas été inscrite dans ce délai (359).

Proudhon appelle l'adoption une naissance civile, il est nécessaire que cette naissance soit transcrite sur les registres des actes de naissance.

En quoi consistera l'inscription? Comment se fera-t-elle? Ce sont là des questions que la loi n'a pas tranchées.

D'après l'art. 359 l'inscription n'a lieu que sur le vu d'une expédition en forme de l'arrêt, on ne pourrait donc obliger un officier de l'état civil à inscrire une adoption sur le vu d'une copie; mais si en fait il arrivait qu'un officier de l'état civil eût transcrit l'adoption sur le vu d'une copie de l'arrêt, l'adoption serait valable, car la disposition de l'art. 359 n'est pas prescrite à peine de nullité (1).

Si l'inscription avait eu lieu dans une commune où l'adoptant n'est pas domicilié, il me paraît conforme au but que s'est proposé le législateur de décider que l'inscription est nulle et partant si les 3 mois sont écoulés, l'adoption ne serait pas valable.

Cette inscription, opérée régulièrement, rend l'adoption absolument irrévocable, en ce sens que les parties, même d'un consentement mutuel, ne peuvent abdiquer les qualités de père et de fils adoptifs que la loi leur a conférés.

Un intervalle de temps assez considérable peut s'écouler

---

(1) Cass., 1er avril 1863, Sirey, 63. 1. 472.

entre le contrat passé devant le juge de paix et l'inscription sur les registres. L'art. 360 a prévu l'hypothèse du décès de l'adoptant, et décide que « si l'adoptant venait à mourir après que l'acte constatant la volonté de former le contrat d'adoption a été reçu par le juge de paix et porté devant les tribunaux, et avant que ceux-ci eussent définitivement prononcé, l'instruction sera continuée et l'adoption admise, s'il y a lieu. Les héritiers de l'adoptant pourront, s'ils croient l'adoption inadmissible, remettre au Procureur de la République tous mémoires et observations à ce sujet. »

Toullier fait remarquer que si l'inscription sur le registre de l'état civil est nécessaire pour consommer l'adoption, le contrat passé devant le juge de paix n'en confère pas moins un droit irrévocable, qui ne peut plus être enlevé à une des parties sans son consentement par quelque événement que ce soit. Cette opinion n'a pas été admise par tout le monde et M. Demolombe énumère 5 systèmes qui ont trouvé chacun des partisans. L'opinion opposée la plus sérieuse, celle qui a réuni le plus de partisans s'appuie sur ces mots de l'art 360 « et porté devant les tribunaux », donc, dit-on, les conditions auxquelles est subordonnée l'adoption doivent exister au moment où le contrat d'adoption se forme devant le juge de paix et persévérer jusqu'au moment où le contrat a été porté devant les tribunaux.

C'est, je crois, attacher, une grande importance à ces mots qui n'existaient pas dans la rédaction primitive du projet de loi, et qui ont été ajoutés après coup sans que nous en connaissions le motif. Il est probable que le législateur se sera occupé du *plerumque fit*, sans songer qu'il laissait prise au doute. Car en raison, il n'y aurait place que pour 2 systèmes ; ou bien le contrat est formé par le consentement des parties devant le juge de paix, ou bien il est formé par l'accomplissement de toutes les formalités prescrites par la loi. M. Réal ne disait-il pas? Les démarches que l'adoptant a faites doivent avoir la même force que son vœu testamentaire (1).

Mais si la remise des pièces au Procureur de la République est nécessaire, c'est sans doute, parce que l'adoption a pu être surprise à un individu affaibli par les approches de la mort et que l'envoi au Procureur de la République viendra confirmer la volonté de l'adoptant. Mais le rapprochement des art. 354 et 360 prouve que telle n'a pas été la pensée du législateur, puisque les pièces seront remises par la partie la plus diligente et peut-être par celle qui aura abusé de la faiblesse de l'autre.

L'art. 343 vient d'ailleurs à notre secours en indiquant qu'une condition des plus importantes doit exister *à l'époque de l'adoption* (2).

Section III.

Effets de l'Adoption Ordinaire.

L'adoption établit entre l'adoptant et l'adopté des rapports qui ont une certaine analogie avec les rapports qu'engendre la paternité. Ces rapports ne sont pas cependant, il s'en faut de beaucoup, aussi étendus, dans l'adoption que dans la filiation réelle, et les différences que nous rencontrons entre ces deux actes, sont les conséquences des principes posés par la loi elle-même. Ces principes sont les suivants : L'adopté continue de rester dans sa

---

(1) Locré, t. VI, p. 571.
(2) Demolombe, Adoption, nos 118 et suiv.

famille (348), il n'entre pas dans la famille de l'adoptant et n'a de relations qu'avec l'adoptant.

L'adopté reste dans sa famille naturelle; il y conserve donc tous ces droits et tous ses devoirs. Il devra des aliments à ses ascendants. Il est vrai que l'art. 349 ne parle que de ses père et mère, mais, comme le fait remarquer Dalloz [1], le titre sur l'adoption n'a eu en vue que de régler les rapports de l'adopté avec sa nouvelle famille, il n'a point dérogé aux dispositions qui consacrent les droits et les devoirs des membres de la famille naturelle et légitime.

L'adopté devra aussi pour son mariage requérir le consentement de ses père et mère. La section de législation du Tribunat avait proposé de placer avant l'art. 347 la disposition suivante [2] : « l'adoptant exercera sur l'adopté l'autorité des père et mère telle qu'elle est réglée par les lois à l'égard des mineurs. » Mais cette disposition était inconciliable avec l'art. 348. Le tribun Gary a insisté sur ce point : « L'adopté ne sort pas d'ailleurs de sa famille naturelle, ses père et mère conservent sur lui tous les droits accordés aux pères et mères sur les enfants majeurs. Quelques voix se sont élevées pour que ces mêmes droits appartinssent au père adoptif. Mais on a observé avec raison que pour les lui conférer il faudrait en dépouiller le père naturel et légitime, et dans le concours on a cru devoir donner la préférence au père avoué par la nature et la loi sur celui dont la loi seule avait formé la paternité. » [3]

Sauf les droits de succession anomale qu'ont dans certains cas l'adoptant ou ses enfants sur certains biens de

---

[1] Répertoire, v° Adoption, n° 178.
[2] Locré, t. VI, p. 588.
[3] Fenet.; t. 10, pp. 471 et 472.

l'adopté, les droits de successibilité réciproque entre celui-ci et ses parents n'éprouvent aucune modification.

L'adopté n'entre pas dans la famille de l'adoptant, il n'a de lien juridique qu'avec l'adoptant. — Il en résulte qu'aucune obligation alimentaire n'existe entre l'adopté et les parents de l'adoptant, il en résulte encore que l'adopté ne saurait exercer aucun droit de succession *ab intestat* sur les biens des parents de l'adoptant. Art. 350.

Il existe toutefois entre l'adopté . certains parents de l'adoptant des empêchements au mariage. L'art. 348 nous dit en effet : « Le mariage est prohibé entre l'adoptant, l'adopté et ses descendants, — entre les enfants adoptifs du même individu, — entre l'adopté et les enfants qui pourraient survenir à l'adoptant, — entre l'adopté et le conjoint de l'adoptant, et réciproquement entre l'adoptant et le conjoint de l'adopté. » Je ne pense pas que sous le nom d'*enfants* soient indistinctement compris les enfants légitimes et naturels ; il est vrai que le terme « *enfants* » est général, mais les art. 161 et 162 qui établissent les prohibitions qui existent dans la filiation réelle, prennent soin de parler des enfants légitimes et naturels, tandis que notre art. 348 emploie le mot enfant dans le sens ordinaire, c'est-à-dire, dans le sens d'enfants légitimes.

Ces prohibitions sont dictées par des considérations de morale ; le tribun Gary le disait en termes excellents devant le Corps législatif. « La possibilité de former une union légitime autorise et appelle toutes les séductions qui peuvent conduire à une liaison criminelle. La rigueur des prohibitions doit augmenter en raison de la facilité de la corruption. Voilà pourquoi le mariage est interdit à ceux qui sans être intimement liés par la nature, sont cependant destinés à vivre sous le même toit. La maison du père de famille doit être un asile inviolable et sacré il faut en écarter le souffle des passions et n'y entendre que l'accent de la vertu. » (1)

Ces empêchements sont-ils dirimants ou prohibitifs ? C'est là une question controversée dans la doctrine. Proudhon et Merlin (2) disent qu'ils sont dirimants, je pense qu'ils sont prohibitifs. L'art. 184 qui indique les empêchements dirimants ne renvoie pas à l'art. 348. Dira-t-on que l'adoption est une image de la nature et qu'à ce titre elle doit être régie par les mêmes règles ? Mais nous savons combien cette maxime est peu exacte. Dira-t-on encore que l'art. 348 n'était pas fait lorsque fut voté l'art. 184 ? Mais la différence est grande entre les deux situations. Les empêchements de l'art. 348 sont fondés uniquement sur le désir de sauvegarder les mœurs publiques, tandis que les empêchements des art. 161, 162, 164 et 184 sont fondés non-seulement sur des considérations d'honnêteté publique, mais encore sur des considérations physiologiques.

Une question qui a été vivement débattue en pratique et qui a donné lieu à un arrêt des chambres réunies est la question de savoir si l'adoption produit l'alliance entre le conjoint de l'adopté et l'adoptant. Je crois avec M. Demolombe que l'alliance n'existe pas. Il est essentiel de se rappeler avec l'art. 348 que l'adopté reste dans sa famille naturelle ; l'adoption, comme le dit Toullier, n° 1006, étant une institution qui sort des règles du droit commun elle ne peut produire d'autres effets que ceux que la loi y a expressément attachés, sans qu'on y puisse donner d'extension.

(1) Fenet, t. 10, p. 473.
(2) Répertoire, t. 16, v° Mariage, section VI, § 2, 6me question in fine. — Contrà : Demolombe, t. III, n° 109.

Si l'on objecte avec un arrêt de Cassation que c'est en considération d'une alliance que le mariage a été interdit entre l'adoptant et le conjoint de l'adopté, il est facile de répondre avec les travaux préparatoires. Nous savons déjà ce que disait Gary; voici ce que disait le tribun Perreau pour justifier ces prohibitions : « la sorte d'affinité morale que produit l'adoption, l'ordre intérieur des familles, les dangers pour les mœurs justifient sous tous les rapports possibles ces prohibitions [1]. » et Berlier [2] : « L'affinité morale établie par l'adoption entre les personnes de cette qualité, et les rapports physiques que la cohabitation fait naître entre elles, prescrivaient de ne point offrir d'aliments à leurs passions par le mariage. » Il n'est nullement question d'alliance, il s'agit d'une question de morale et d'ordre public, d'une sorte d'affinité morale [3].

Une question beaucoup plus grave se présente à notre examen.

L'adoption, nous l'avons dit, ne crée de rapports juridiques qu'entre l'adoptant et l'adopté; il en résulte qu'elle n'établit aucun lien ni entre les parents de l'adopté et ceux de l'adoptant, ni entre l'adopté et les parents de l'adoptant, ni même entre les parents de l'adopté et l'adoptant. Cette règle est-elle absolue, et doit-on dire que les enfants et les descendants légitimes de l'adopté restent complètement étrangers à l'adoptant? Doit-on au contraire les regarder comme les petits-enfants de l'adopté? Question grave et délicate dont les conséquences pratiques sont immenses.

---

[1] Fenet., t. 10, p. 449.
[2] Loc. cit., p. 431.
[3] Demolombe, Adoption n° 137. Demante, Programme, t. I, n° 337. Tribunaux d'Issoire et de Clermont-Ferrand, rapportés dans le Répert. de Dalloz, v° Adoption, p. 319, note 2. — Contrà : Cass. 30 nov. 1842. Ch. réun., 6 déc. 1844, rapportés dans Dalloz, loc. cit.

Admet-on la 1ᵛᵉ opinion? L'obligation alimentaire n'existe pas entre l'adoptant et les enfants de l'adopté, les enfants de l'adopté ne peuvent recueillir la succession de l'adoptant soit de leur chef soit par représentation. Partage-t-on la seconde doctrine? les solutions contraires seront admises.

Cette question divise profondément les auteurs, mais la jurisprudence décide toujours que l'adoption a pour effet de créer à l'adoptant une descendance adoptive ou civile, et dès-lors les enfants de l'adopté, ont envers l'adoptant les mêmes droits et les mêmes obligations que l'adopté lui-même (¹).

Trois systèmes sont soutenus par des auteurs également considérables. Les uns (²) regardent les enfants légitimes de l'adopté comme étant d'après le droit civil les petits-fils de l'adoptant; d'autres dénient aux enfants de l'adopté une pareille qualification (³), Merlin auquel s'est rallié Demante (⁴) distingue entre les enfants de l'adopté qui étaient nés avant l'adoption et ceux qui sont nés depuis.

J'adopte la seconde opinion, et je ne crois pas que les enfants de l'adopté puissent être considérés comme les petits-fils de l'adoptant.

Il ne faut pas l'oublier, l'adoption est une institution arbitraire, elle n'est que ce que le législateur l'a faite, et on ne saurait ajouter à ses dispositions. Y a-t-il une disposition qui autorise l'opinion que je combats? Je ne le crois pas. Aucun texte n'appelle les enfants de l'adopté

---

(1) Cass., 2 déc. 1822. Sirey, 23. 1. 74. — Paris, 27 janvier 1824. Sir., 25. 2. 131.—Nancy, 30 mai 1868. Dalloz, 1868, 2, 121.—Cass., 10 nov. 1869. Dalloz, 1870, 1, 209.
(2) Toullier, t. 2, nº 1015. Marcadé sur l'art. 350, nº 4. Proudhon, etc.....
(3) Demolombe, Adopt., nº 139 et suiv. Valette, Explic. somm. du liv. 1 du C. Nap., p. 196 et suiv. Aub. et Rau....
(4) Merlin, Questions de Droit, t. 7, Adopt., § VII.

soit de leur chef soit par représentation à la succession de l'adoptant. L'art. 350 qui règle les droits de l'adopté sur la succession de l'adoptant ne parle pas des enfants de l'adopté ; or on ne peut prétendre à une succession ab intestat qu'en vertu d'un droit écrit dans la loi. Ce silence est d'autant plus remarquable que les articles qui s'occupent des successions ab intestat indiquent quand les descendants de l'héritier ont droit à la succession. Qu'on lise l'art. 745 C. Civ., on verra que l'enfant légitime et ses descendants sont appelés à la succession de l'ascendant, cette même faculté existe pour l'enfant naturel et ses descendants en vertu des art. 756 et 759. Qu'on lise les art. 750 et suiv. on verra encore que les frères et sœurs ou leurs descendants succèdent dans certains cas à leurs frères et sœurs. Le silence du législateur implique donc que les enfants de l'adopté n'ont pas de rapports avec l'adoptant.

L'art. 349 limite l'obligation alimentaire à l'adoptant et à l'adopté, sans conférer à l'adoptant le droit de demander des aliments aux enfants de l'adopté, tandis que les art. 205 et 207 étendent l'obligation alimentaire aux petits-fils et réciproquement. Qui ne voit par la comparaison de ces textes l'esprit évident de la loi ?

Les travaux préparatoires du Code ne renferment rien qui puisse venir en aide à l'opinion que je combats ; il faut donc dans cette matière se contenter de ce que la loi nous donne sans ajouter à ses prescriptions.

Divers arguments sont opposés à notre système. Les uns sont plutôt des considérations morales auxquelles je ne répondrai pas et qui sont énoncées longuement dans l'arrêt fort bien motivé d'ailleurs de la Cour de Nancy cité à la note. D'autres sont des arguments juridiques qu'il importe de réfuter. Merlin combattant l'argument tiré des art. 745

et autres, dit : « Peu importe que la loi n'appelle pas expressément les enfants du fils adoptif à la représentation dans la succession de l'adoptant ; elle les y appelle par cela seul qu'elle dit, art. 740, que la représentation a lieu à l'infini dans la ligne directe descendante. » Je réponds que cet argument est loin d'être décisif, et qu'il laisse la question entière ; en effet pour exercer la représentation il faut avoir une vocation propre et personnelle à l'hérédité du de cujus ; les descendants dans l'hypothèse de l'art. 740 ont cette vocation, elle est écrite dans les art. 745, 750 et suiv., 756 et 759 ; mais en matière d'adoption où est la vocation personnelle des enfants de l'adopté à la succession de l'adoptant ? Elle n'est écrite nulle part, elle n'existe donc pas et par conséquence l'art. 740 ne saurait être opposé.

On objecte encore l'art. 348 qui prohibe le mariage entre l'adoptant et les enfants de l'adopté ; mais qui ne voit que cet article ne saurait être opposé ! Nous connaissons le but que le législateur a voulu atteindre par cet article ; ce n'est pas un intérêt privé, un intérêt successoral qui lui a fait édicter cette disposition ; non, son but a été plus noble, plus élevé, c'est un intérêt public, et ce sont des considérations morales qui l'ont déterminé ; d'ailleurs si cet argument était exact, il faudrait dire que non-seulement l'adoptant et l'adopté sont unis entre eux, mais que cette union avec toutes ses conséquences pécuniaires existe encore entre les enfants adoptifs du même individu entre l'adopté et le conjoint de l'adoptant, puisque le mariage est aussi prohibé entre ces diverses personnes, et je ne sache pas qu'on soit allé jusque là !

Mais, ajoute t-on, d'après l'art. 347, l'adoption confère le nom de l'adoptant à l'adopté, et par conséquent aux enfants de l'adopté qui porteront ainsi le nom du père adoptif. Qu'importe ! est-ce une raison pour que les enfants de l'adopté deviennent les petits-fils de l'adoptant ? Mais cette objection est-elle même complètement fondée ? Pour les enfants qui naîtront à l'adopté après l'adoption, ce n'est pas, à vrai dire, le nom de l'adoptant qu'ils ajoutent à leur propre nom ; ils reçoivent en naissant, comme le dit M. Demolombe, le nom de leur père, tel qu'il se trouve alors ; mais ce n'est que de lui seul qu'ils le reçoivent. Ne peut-on pas au reste porter le nom d'une personne sans être son parent ? L'enfant naturel reconnu ne porte-t-il pas le nom du père de son père, et cependant aucun lien ne les unit ? N'en est-il pas ainsi de l'adopté et du père de l'adoptant ?

Quand aux enfants nés à l'adopté avant l'adoption, le nom qu'ils ont reçu en naissant leur appartient et le père ne peut le faire changer. Il en est différemment dans les cas de reconnaissance d'un enfant naturel et de changement de nom ; mais il y a pour cela des raisons majeures. La reconnaissance d'un enfant naturel n'est pas modificative de l'état de l'enfant, c'est la déclaration d'un fait, l'adoption au contraire crée un état nouveau. Le changement de nom n'est pas obligatoire, puisqu'aux termes de la loi du 11 Germinal an XI, art. 7, les enfants peuvent protester dans l'année, et s'ils ne protestent pas c'est qu'ils approuvent par leur silence le changement demandé par leur père.

Mais, dit-on, l'art. 351 décide que les enfants de l'adopté empêchent le droit de retour, et l'art. 352 que l'adoptant recueille dans la succession des enfants de l'adopté les choses par lui données à l'adopté. M. Demolombe répond à cet argument : autre chose est pour les enfants de l'adopté de recueillir dans la succession de leur auteur les biens qui lui étaient acquis, ce qui n'établit aucun lien juridique entre eux et l'adoptant ; autre chose de venir recueillir la succession de l'adoptant. Quant à l'art 352, autre chose est le retour légal en vertu duquel l'adoptant recueille les biens par lui donnés, autre chose le droit de successibilité ordinaire et normale; en effet les enfants légitimes de l'adoptant recueillent aussi dans la succession de l'adopté, les biens qui proviennent à celui-ci de l'adoptant ; or nul ne prétend sans doute que les enfants légitimes de l'adoptant soient les parents de l'adopté !

Les arguments que je viens de faire valoir me paraissent exclure également le système intermédiaire de Merlin qui ne peut guère s'appuyer que sur cette considération très insuffisante que les derniers nés joindront au nom de leur famille naturelle celui de l'adoptant, tandis que les premiers garderont le leur.

Les effets de l'adoption sont au nombre de 7 ; nous en trouverons 5 dans le Code Civil et 2 dans le Code Pénal.

1° L'adoption conférera le nom de l'adoptant à l'adopté en l'ajoutant au nom propre de ce dernir (art. 347). Cette décision est absolue. Il faut remarquer que la femme mariée qui adopte un enfant, transmettra son nom de fille et non celui de son mari ; le nom de son mari n'est pas en effet à elle, elle ne saurait en disposer.

2° L'adoption crée certains empêchements au mariage (348). Nous avons déjà étudié cet effet dans les pages qui précèdent.

3° « L'obligation naturelle qui continuera d'exister entre l'adopté et ses père et mère, de se fournir des aliments dans les cas déterminés par la loi, sera considérée comme commune à l'adoptant et à l'adopté l'un envers l'autre. » (349).

J'ai déjà dit un mot de cet effet, il me reste une observation à faire. La loi qualifie la dette alimentaire d'obligation naturelle. Ces mots ne doivent pas être pris dans leur sens légal. La loi entend généralement par obligation naturelle une obligation qui n'est pas munie d'action ; ce n'est pas ce que veut dire la loi dans notre article ; elle veut dire que l'obligation de fournir des aliments découle de la nature, que c'est là une prescription de la loi naturelle.

4° « L'adopté n'acquerra aucun droit de successibilité sur les biens des parents de l'adoptant, mais il aura sur la succession de l'adoptant les mêmes droits que ceux qu'y aurait l'enfant né en mariage, même quand il y aurait d'autres enfants de cette dernière qualité nés depuis l'adoption. » (350)

Tel est l'effet le plus important de l'adoption, qu'il faut bien se garder de confondre avec son but.

L'adopté qui n'a aucun droit sur la succession des parents de l'adoptant a au contraire sur les biens de l'adoptant les droits d'un enfant légitime. Donc l'adopté succède à l'adoptant à l'exclusion de ses ascendants, de ses collatéraux et de son conjoint — il succède en concours et par égale portion soit avec les enfants légitimes de l'adoptant, soit avec les autres enfants adoptifs. Il réduit à la portion déterminée par l'art. 757 la portion des enfants naturels reconnus par l'adoptant, — il a droit à une réserve.

Tout le monde est d'accord pour reconnaître que l'adopté a droit à une réserve sur les biens de l'adoptant ; la réserve étant en effet une partie de la succession ab intestat ce droit ne pouvait être contesté. Mais on controverse pour savoir quelle sera la quotité de la réserve. La question me paraît simple. L'adopté, dit la loi, a sur la succession de l'adoptant les droits d'un enfant légitime, or la réserve étant une portion de la succession ab intestat, l'adopté doit donc avoir sur la réserve les droits d'un enfant légitime.

Je l'ai dit, tous les auteurs ne sont pas unanimes sur cette question. Delvincourt se basant sur ce que l'adopté n'a droit qu'aux biens qui se trouvent dans la succession de l'adoptant en conclut que l'adopté ne saurait avoir droit sur les biens dont l'adoptant a disposé pendant sa vie. Les biens donnés entre-vifs par l'adoptant soit avant, soit après l'adoption sont irrévocablement sortis de sa succession ; donc l'adopté ne peut rien y prétendre, donc sa réserve ne comprendra pas ces biens. Ce système était trop contraire aux principes pour qu'il fut admis; il a été rejeté, l'art. 922 le repousse formellement.

Grenier et Toullier distinguent entre les donations antérieures et les donations postérieures à l'adoption, la réserve ne s'applique qu'à celles-ci. Les donations étant irrévocables l'adoption ne saurait les révoquer, mais réciproquement l'adoption étant elle aussi irrévocable, un fait postérieur de l'adoptant ne saurait lui porter atteinte.

Ce système a, comme le précédent, ce très-grave inconvénient de ne considérer l'adoption que comme une convention pécuniaire, une affaire d'argent, il paraît confondre le but de l'adoption avec son effet principal ; mais de plus la loi y résiste. L'art. 922 que je citais pour réfuter le premier système, réfute aussi celui-ci ; c'est la seule disposition du Code qui s'occupe de former les biens de la succession au moyen de la réduction, or cet article ne fait nullement la distinction de ces auteurs.

Mais, dit-on, vous arrivez alors à la violation de l'art. 960 qui n'attribue pas à l'adoption le droit de faire révoquer les donations. On oublie que la révocation et la réduction ne sont pas identiques. La révocation opère de plein droit au profit du donateur, tandis que la réduction n'opérera qu'éventuellement lors du décès du donateur et au profit direct de l'enfant réservataire. D'ailleurs un père fait une donation ; après la donation il a un autre enfant. La naissance de cet enfant ne révoque pas la donation ; mais au décès du père cet enfant aura le droit de faire réduire la dotation pour exercer sa réserve. La situation de l'adopté est la même. Dans les deux cas la donation n'aura pas été révoquée de plein droit, mais au décès du père les enfants auront le droit de faire réduire la donation pour obtenir la réserve.

Il est donc vrai de dire que la réserve de l'adopté est la même que la réserve de l'enfant légitime [1]

Comme application de notre règle il faut décider également que l'adoption fera réduire les institutions contractuelles faites par l'adoptant.

Il y aurait peut-être dans ce cas une raison de douter tirée de l'art. 1083 C. Civ. Aux termes de cet article celui qui a fait une institution contractuelle ne peut plus disposer de ses biens à titre gratuit ; or par l'adoption n'a-t-il pas indirectement violé l'art. 1083, en accordant à l'adopté des droits qui présenteraient le caractère d'une pure libéralité ?

Cette objection n'est pas fondée parce que l'adoption n'est pas un simple contrat civil, elle fait naître entre l'adoptant et l'adopté des rapports de paternité et de filiation, de telle sorte que l'enfant adoptif doit avoir relativement aux biens de l'adoptant les mêmes droits qu'un enfant né du mariage (art. 350) ; or l'enfant légitime ayant le droit de faire réduire toutes les libéralités faites par son père a le droit de faire réduire une institution

---

[1] *Sic.* Merlin, Questions de Droit, v° Adoption, § 6, n° 3. Demolombe, Adoption, n° 457 et suiv. Marcadé, sur l'art. 350, II. Valette sur Proudhon, et Explicat. somm. Aubry et Rau, etc. Jurisprudence constante.

contractuelle qui présente le caractère de libéralité ; il en doit être de même de l'enfant adoptif. Et puis le droit qu'exerce l'adopté dans l'espèce est un droit de réduction et non de révocation ; je viens d'indiquer les différences profondes qui séparaient ces deux droits.

D'ailleurs le droit conféré par une institution contractuelle est un véritable droit de succession, et l'assimilation entre l'héritier réservataire et l'institué contractuel est complète. L'héritier réservataire ne pourrait certainement attaquer une adoption qui viendrait diminuer ses droits ; il en doit être de même de l'institué contractuel. Merlin (loc. cit.) se prononce pour la révocation et cela dit-il pour une raison très-simple : « c'est que les biens compris dans l'institution contractuelle se trouvent dans la succession de l'adoptant ; que ce n'est également que dans la succession de l'adoptant que l'héritier institué contractuel peut prendre ces biens, et que par là conséquemment s'applique dans toute son étendue comme au cas où il ne s'agit que de biens laissés par testament, la disposition de l'art. 350 qui investit l'adopté des mêmes droits sur la succession de l'adoptant que s'il était son enfant naturel légitime. »

La jurisprudence s'est prononcée dans ce sens (1). La même décision devra être appliquée à la donation cumulative de biens présents et à venir, puisque dans l'un et dans l'autre cas, c'est dans la succession du donateur que le donataire recueillera les biens à lui donnés.

Quant aux donations faites sous des conditions potestatives aucun doute ne peut exister.

Mais il faut remarquer que c'est seulement pour les droits

---

(1) Rej. 29 juin 1825, Paris, 26 mars 1829, cités dans Dalloz, Répertoire, v° Adoption, n° 195, note 2.

héréditaires que l'adopté est assimilé à un enfant légitime. L'adoption n'aura pas comme la survenance d'enfants l'effet de révoquer une donation. Ce n'est pas là un droit relatif à l'hérédité, il n'est plus question pour l'enfant., dit Marcadé (art. 350 III), de faire réduire ou annuler la donation pour prendre la part de succession que la loi assure ; c'est un droit qui se réalise entre-vifs et dans l'intérêt *actuel* et du père et de l'enfant. Les motifs qui ont fait édicter cette règle ne s'appliquent nullement à l'adoption. « La raison de cette révocation est, dit Pothier, que celui qui n'ayant pas d'enfants fait une donation, ne la fait qu'à cause de la persuasion où il est qu'il n'aura pas d'enfants ; que s'il prévoyait en avoir, il ne donnerait pas ; d'où on a tiré la conséquence que la donation devait être censée contenir en soi une cause tacite et implicite de la révocation en cas de survenance d'enfant. »

On peut rattacher à cet effet de l'adoption, l'examen des deux questions suivantes:

L'enfant adoptif sera-t-il compris parmi les descendants qui doivent nécessairement figurer au partage d'ascendant pour que ce partage soit valable? La question ne me paraît pas souffrir de difficultés, il suffit pour la résoudre de se bien pénétrer du caractère de ce partage. Le partage d'ascendant n'est autre chose que la faculté donnée à un ascendant d'attribuer à chacun de ses enfants une part déterminée dans les biens qui doivent lui revenir un jour, en se conformant toutefois aux prescriptions de la loi sur la matière.

Aux termes de l'art. 1078 C. Civ. tous les enfants doivent être compris dans ce partage. Il résulte de là que l'enfant adoptif doit nécessairement être compris dans le partage fait par l'adoptant parce qu'à l'égard de celui-ci il est véritablement un enfant, il a dans sa succession les mêmes droits qu'un enfant légitime. S'il s'agit au contraire d'un partage opéré par le père ou un ascendant de l'adoptant, l'adopté ne doit pas être compris dans ce partage par ce très-simple motif qu'il n'a aucun droit à la succession de ces ascendants et qu'à leurs yeux il est un étranger.

Si postérieurement à l'adoption, l'adoptant s'est marié, l'adopté pourra-t-il comme un enfant légitime né d'un précédent mariage invoquer l'art. 1098, C. Civ.? Cet article décide que l'homme ou la femme qui ayant des enfants d'un autre lit contractera un second ou subséquent mariage ne pourra donner à son nouvel époux qu'une part d'enfant légitime le moins prenant, sans que dans aucun cas ces donations puissent excéder le quart des biens. Plusieurs auteurs notamment MM. Valette, Aubry et Rau ne le pensent pas. L'art. 1098 ne parle, disent-ils, que d'enfants nés d'un autre lit ; l'esprit de cet article résiste encore à une pareille interprétation, cette disposition ayant été faite en haine des secondes noces, le motif n'existe plus lorsqu'il s'agit d'un adopté.

Ces objections doivent tomber en présence du texte formel de l'article 350 qui assure à l'adopté sur la succession de l'adoptant les mêmes droits que ceux qu'y aurait un enfant né en mariage ; l'adopté, nous l'avons dit, a droit à la même réserve que l'enfant né en mariage, il aura donc au même titre un droit à la réserve spéciale de l'art. 1098. Quant à l'esprit de la loi, il n'est pas tel qu'on l'indique. Pothier, dans son traité des donations (sect. 3, art. 8) fait voir le véritable esprit de cette disposition. Cette disposition n'est faite « que pour empêcher la femme qui se remarie de donner trop d'atteinte aux parts que ses enfants des précédents mariages ont droit d'attendre en sa succession. » L'art. 350 place l'adopté dans la même situation que l'enfant né en mariage, les droits que lui confère l'adoption doivent dès lors être également protégés contre un mariage subséquent (¹).

5° *Droit de retour.* — Le droit de retour est réglé par les art. 351 et 352.

L'adoptant, nous le savons, est entièrement exclu de la succession de l'adopté, à tel point que si l'adopté ne laissait aucun parent au degré successible, l'Etat viendrait recueillir les biens de l'adopté à l'exclusion de l'adoptant.

Cependant cette exclusion eut été trop rigoureuse, elle eut été injuste, si la loi l'avait étendue aux biens de la succession de l'adopté qui provenaient de l'adoptant. Aussi l'adoptant et même ses descendants ont-ils sur ces biens un droit que je vais étudier rapidement et qui a été appelé par les auteurs : *droit de retour légal ou successoral*, et encore *succession anomale*.

Les orateurs du Gouvernement ont développé avec étendue les motifs qui avaient déterminé les législateurs ; voici quelques paroles du tribun Perreau : « Cela est juste et utile ; cela est juste, car si l'affection de l'adoptant pour l'adopté a pu le porter à se dessaisir en sa faveur, il n'est pas présumable qu'il ait voulu se dépouiller lui et sa postérité, pour enrichir une famille étrangère ; et ce serait l'accabler s'il avait en même temps à gémir sur la perte de l'objet de son affection, et à déplorer celle de ses biens. Cette disposition est encore utile, en ce qu'elle encourage les libéralités qui, fondées sur des motifs honorables, et répandues avec choix, sont presque toujours des moyens de prospérité publique (²). »

Demandons-nous ! quel est le caractère du droit de

---

(1) Demolombe, n° 163. Merlin, v° Révocation d'Adoption, etc. Cass., 26 avril 1008. Sirey, 1. 333.

(2) Fenet, t. 10, p. 472 ; voir aussi même tome, pp. 431 et 432, 449 et 450.

retour; II. quelles personnes peuvent l'exercer; III quelles choses il comprend.

I. CARACTÈRE DU DROIT DE RETOUR. — On est généralement d'accord pour admettre que le droit accordé par les art. 351, 352 et 747 est un droit de succession, un droit héréditaire. Cela résulte des art. 352 et 748 qui emploient le mot « *succéder.* » Les règles des successions seront donc applicables à notre matière ; l'adoptant ou ses descendants ne peuvent renoncer d'avance à leur droit, ils ne peuvent le céder tant qu'il n'est pas ouvert, ils doivent être capables et non indignes de succéder, ils ne recueillent les biens que tels qu'ils se trouvent dans la succession avec les charges dont on les a grevés ; l'art. 351 fait une application de ce principe en disant qu'ils contribuent au paiement des dettes en proportion de la valeur des biens qui leur font retour comparée à la valeur des autres biens.

Il est important de remarquer que le retour n'aura pas lieu si les biens ne se retrouvent pas en nature dans la succession du donataire (art. 351, 747) ; l'adoptant n'a droit à aucune indemnité s'ils ont péri par le fait ou la faute de l'adopté ; et s'ils ont été aliénés, il ne peut les reprendre entre les mains des tiers acquéreurs.

II. QUELLES PERSONNES PEUVENT EXERCER LE DROIT DE RETOUR. — Le droit de retour s'ouvre dans deux hypothèses distinctes.

1° L'adopté meurt sans descendants légitimes (art. 351) et ajoutons ou sans enfants adoptifs. A vrai dire l'art. 351 ne parle que des enfants légitimes, mais l'art 350 n'accorde-t-il pas à l'adopté en matière de succession les mêmes droits qu'à un enfant légitime ?

Dans cette hypothèse l'adoptant qui a survécu à l'adopté recueille les choses par lui données.

Si l'adoptant était prédécédé, ses descendants profiteront du droit de retour, et, remarquons-le, la loi les appelle directement à cette succession, ils y viendront en vertu de leur droit propre sans avoir besoin de recourir à la représentation.

La loi parle des descendants de l'adoptant : il est évident que les enfants légitimes et les enfants légitimés de l'adoptant rentrent dans cette expression ; mais en sera-t-il de même d'un autre enfant adoptif de l'adoptant? cet enfant recueillera t-il dans la succession de l'adopté décédé les biens qui provenaient à celui-ci de l'adoptant commun ? Je ne le pense pas. Il est vrai que l'enfant né en mariage aurait ce droit, mais l'adopté n'est assimilé à l'enfant légitime qu'en ce qui concerne ses droits sur la succession de l'adoptant. Or, il ne s'agit pas ici de la succession de l'adoptant, mais bien de la succession d'un autre adopté. Ne peut-on pas d'ailleurs dire avec la Cour de Cassation ? « Attendu qu'on ne peut admettre que l'intention du législateur ait été d'accorder à l'enfant adoptif sur les biens laissés par un autre enfant adoptif avec lequel il n'a de commun que cette qualité, un droit que l'art. 747 refuse aux frères légitimes sur les choses données à leur frères par l'auteur commun. » (1)

2° L'adopté est décédé laissant des enfants, mais ceux-ci sont décédés sans postérité avant l'adoptant.

Dans cette hypothèse l'adoptant succède encore aux biens par lui donnés, seulement ses descendants n'auront pas ce droit, il en jouira seul. M. Demolombe en donne le motif n° 175 : la loi ne pouvant pas prolonger indéfiniment cette succession anomale, ni remonter trop haut à l'origine des biens, déclare alors ce droit inhérent à la

---

(1) Cass., 14 février 1855. Dalloz, 1855, 1. 225.

personne de l'adoptant, et non transmissible à ses héritiers même en ligne descendante. Si l'adopté meurt laissant plusieurs descendants, les auteurs décident que c'est seulement au décès du dernier mourant de ces descendants que l'adoptant peut reprendre les biens donnés.

III. Quelles choses embrasse le droit de retour. L'art. 351 dit que l'adoptant ou ses descendants recueillent les biens donnés à l'adoptant et qui *existeront en nature*, lors du décès de l'adopté. Les art. 747 et 766 qui s'occupent du retour légal de l'ascendant naturel sont plus développés.

« Si les objets ont été aliénés, les ascendants recueillent le prix qui peut en être dû ; ils succèdent aussi à l'action en reprise que pouvait avoir le donataire. » Art. 747.

« Les actions en reprise, s'il en existe, ou le prix de ces biens aliénés, s'il est encore dû, retournent également aux frères et sœurs légitimes. » Art. 766.

Du silence de l'art. 351, des auteurs ont conclu que l'adoptant ou ses descendants n'ont droit ni aux actions en reprise ni au prix encore dû ; d'autres distinguent entre les actions en reprise et le prix encore dû, ils accordent à l'adoptant les actions en reprise, et lui refusent le prix encore dû.

Rien ne justifie la distinction du second système ; quant au premier, je ne saurais l'admettre, et je pense que l'adoptant ou ses descendants ont droit aux actions en reprise et au prix encore dû.

La situation prévue par les art. 747 et 766 et celle prévue par les art. 351 et 352 est la même ; c'est la même idée qui a inspiré le législateur, c'est le même but qu'il a poursuivi, il a donc dû vouloir établir des règles identiques, et il n'y a, comme le dit très-justement un arrêt, nul prétexte pour supposer au retour autorisé par l'art. 351

des effets différents du retour légal qui s'opère à titre successif (1).

Que si l'on objecte le silence des art. 351 et 352, on peut répondre avec M. Demolombe que ce silence ne saurait être exclusif, les art. 351 et 352 renferment en germe les conséquences que les art. 747 et 766 ont seulement développés, mais ces conséquences conformes aux principes généraux se trouvaient déjà dans ces articles, et dès lors, toutes ces dispositions (art. 351, 352, 747 et 766) doivent être interprétées et complétées les unes par les autres.

Ce serait même par à fortiori qu'il faudrait admettre l'idée de l'article 747, car l'hypothèse des art. 351 et 352 est beaucoup plus favorable que celle de l'art. 747. En effet dans l'hypothèse de l'art. 747 le donataire est l'enfant légitime du donateur, ses héritiers seront donc très souvent les frères et sœurs du donataire, c'est-à-dire des enfants ou descendants du donateur; au contraire, dans l'hypothèse des art. 351 et 352 les héritiers du donataire enfant adoptif, mort sans descendants, seront entièrement étrangers à l'adoptant, puisque l'adoption n'a établi de liens qu'entre l'adoptant et l'adopté. Or si l'ascendant, pour l'action en reprise et pour le prix de la somme due est préféré à ses descendants, comment ne serait-il pas préféré à des personnes qui lui sont étrangères?

Ces considérations n'ont pas dû échapper au législateur puisqu'il a lui-même traité plus favorablement le retour des art. 351 et 352 que celui de l'art. 747.

C'est ainsi que l'adoptant et ses descendants peuvent exercer ce droit, tandis que les descendants de l'ascen-

---

(1) Cass., 28 décembre 1829. Sir., 30. 1. 60.

dant donateur n'en jouissent pas (art. 747). C'est ainsi encore que l'adoptant reprend les biens qu'il a donnés dans la succession des enfants de l'adopté, tandis que la majorité des auteurs et la jurisprudence refusent ce droit aux enfants de l'ascendant donateur [1].

Nous arrivons aux deux effets de l'adoption contenus dans le Code Pénal.

6° L'art. 299 C. Pénal applique la peine du parricide pour le meurtre du père adoptif comme pour le meutre du père naturel.

7° L'art. 312 C. Pénal assimile le père adoptif au père naturel en ce ce qui concerne la répression des coups et des blessures que lui auraient portés l'adopté.

CHAPITRE DEUXIÈME

De l'Adoption Rémunératoire.

Je n'étudierai que les conditions requises pour cette adoption, les formes et les effets sont les mêmes que ceux de l'adoption ordinaire.

L'adoption rémunératoire est celle par laquelle l'adoptant veut récompenser les services que lui a rendus l'adopté. Mais quel doit être le caractère de ce service? C'est ce qu'il importe de préciser.

La 1re rédaction de notre article autorisait l'adoption rémunératoire pour tous ceux qui auraient rendu à l'adoptant d'importants services, tels que de lui avoir sauvé la vie, l'honneur ou la fortune [2]. Cette rédaction parut

---

[1] Cass., 18 août 1818. Sir., 1820, 1. 107. Cass., 20 mars 1850. Dalloz, 1850, 1. 445.
[2] Fenet, t. 10, p. 376.

trop générale et Treilhard appuyant l'avis de Tronchet proposa de réduire l'adoption pour services rendus à celui qui aurait sauvé la vie de l'adoptant. Cette proposition ayant été adoptée, Berlier rédigea l'article tel que nous le trouvons dans le Code : « la faculté d'adopter pourra être exercée envers celui qui aurait sauvé la vie à l'adoptant soit dans un combat, soit en le retirant des flammes ou des flots. » art. 345 1°.

Cette énumération de l'art. 345 est-elle absolument limitative ? Proudhon et Toullier le prétendent, mais je crois avec presque tous les auteurs qu'elle est seulement démonstrative. Si donc nous trouvons des hypothèses présentant une certaine analogie avec celles de la loi, si nous voyons des cas ou la vie de celui qui sera adopté aura été exposée dans un élan instinctif de dévouement pour sauver la vie à l'adoptant, nous dirons que l'adoption rémunératoire aura lieu.

Celui qui se précipite dans une maison qui s'écroule pour en retirer quelqu'un, celui qui ne craint pas de descendre dans une mine, celui qui vient au secours d'une personne assaillie par des brigands, ne sont-ils pas aussi dévoués aussi dignes de récompense que l'intrépide nageur qui expose sa vie pour retirer des flots le malheureux qui se noyait ! Et cependant ces hypothèses ne rentrent pas dans le texte de la loi, mais elles doivent être admises.

Quelques personnes pensent que le médecin qui soigne au péril de ses jours un client atteint d'une maladie contagieuse pourrait bénéficier de notre adoption. Pour ma part je ne le pense pas. Cela donnerait lieu à des questions trop délicates, mais le motif déterminant c'est que les soins donnés par les médecins constituent moins un acte de dévouement que l'accomplissement d'un devoir professionnel.

La loi par faveur pour l'adoption rémunératoire n'a pas exigé pour sa perfection toutes les conditions qu'elle exige dans l'adoption ordinaire.

Il suffira, dit l'art. 366 2° que l'adoptant soit majeur, plus âgé que l'adopté, sans enfants ni descendants légitimes, et s'il est marié que son conjoint consente à l'adoption.

L'adoption rémunératoire est donc exempte de l'application des conditions qui exigent que l'adoptant ait 50 ans révolus, qu'il ait 15 ans de plus que l'adopté, et enfin qu'il ait fourni des secours et donné des soins non interrompus à celui qu'il se propose d'adopter pendant 6 ans au moins de sa minorité. Toutes les autres conditions de l'adoption ordinaire sont requises en matière d'adoption rémunératoire.

Cependant Marcadé (sur l'art. 345 VII) a prétendu que l'adoption rémunératoire était exemptée de la condition d'après laquelle il faut que l'adopté n'ait pas déjà été adopté par une autre personne. Mais cette opinion n'a pas été admise. Marcadé prétendait que les art. 345 et 346 émunèrent toutes les conditions de l'adoption rémunératoire, et ces articles n'exigent pas que celui qui doit être adopté n'ait pas pas déjà été adopté par un autre. On a fait remarquer que les conditions dont il s'agit dans la disposition finale de l'art. 345 ne sont que des conditions relatives à l'adoptant. Or la règle qui déclare que nul ne peut être adopté par plusieurs si ce n'est par deux époux, se réfère à une condition requise chez l'adopté ; l'art. 345 qui ne s'occupe que des conditions requises chez l'adoptant n'a donc pas pu modifier l'art 344 qui s'occupe des conditions requises dans la personne de l'adopté.

CHAPITRE III.

Adoption Testamentaire.

Les conditions et la forme de l'adoption testamentaire diffèrent des conditions et de la forme des autres adoptions ; les effets sont toutefois les mêmes.

Cette adoption se rattache à la tutelle officieuse dont nous dirons un mot à la fin de ce travail. Voici la disposition de la loi relative à cette 3⁰ espèce d'adoption. « Si le tuteur officieux après 5 ans révolus depuis la tutelle et dans la prévoyance de son décès avant la majorité du pupille lui confère l'adoption par acte testamentaire, cette disposition sera valable, pourvu que le tuteur officieux ne laisse point d'enfants légitimes. » art. 366.

CONDITIONS. — Cette adoption est soumise à 3 conditions. 1° Il faut que le testament qui confère l'adoption ait été fait 5 ans révolus depuis la tutelle ; de cette manière le tuteur officieux aura pu apprécier son pupille ; l'attachement qu'il aura pour lui ne sera pas l'effet d'un caprice, mais sera le fruit du temps et de la réflexion.

Qu'arrivera-t-il si le tuteur officieux ayant fait son testament avant l'expiration des 5 ans, meurt après ce délai ? L'adoption sera-t-elle valable ? Je ne le crois pas ; le texte est formel et nous sommes dans une matière exceptionnelle où les conditions exigées par la loi ne sauraient être tempérées. M. Odilon-Barrot (encyclopédie du droit v° adoption n° 63) et Dalloz (Répert. v° adoption n° 242) pensent qu'une telle adoption sera valable ; le tuteur avait la faculté de révoquer le testament, il ne l'a point fait, son intention est donc manifeste. Mais comment le silence du tuteur officieux a-t-il pu sanctionner un acte nul ? On ne confirme que ce qui existe, ce qui a de la valeur, et l'adoption testamentaire ainsi faite était nulle dès l'origine, puisque lorsque le tuteur a inséré cette disposition dans son testament, il n'avait aucune capacité pour le faire. Art. 366.

2° Il faut que le tuteur meure avant la majorité du pupille sans avoir révoqué le testament ; car c'est seulement *dans la prévoyance de son décès avant la majorité du pupille* que le tuteur peut l'adopter par acte testamentaire.

Cette condition est-elle absolue dans tous les cas, de telle sorte que si le jour même ou le lendemain du jour où le pupille devient majeur, le tuteur officieux vient à mourir, le pupille ne pourrait invoquer cette clause du testament ? Le texte est muet sur ce point. Cependant il faut se laisser guider par l'esprit de la loi. Le législateur en créant l'adoption testamentaire a voulu qu'après 5 ans de tutelle officieuse, le tuteur ne fut jamais dans l'impossibilité d'adopter l'enfant auquel il a donné des soins dans ce but. L'adoption testamentaire ne restera donc sans effet que lorsqu'il se sera écoulé entre la majorité de l'enfant et la mort du tuteur un délai suffisant pour remplir les formalités de l'adoption ordinaire. Les juges auront ici un pouvoir appréciateur, et ils se prononceront d'après les circonstances dans lesquelles se sont trouvées les parties. Tel est le sentiment partagé par les auteurs qui regrettent la lacune de la loi.

3° Il faut que le tuteur officieux ne laisse en mourant aucun enfant légitime. Cette décision est contredite par Toulier et M. Odilon Barrot ; ces auteurs prétendent que le tuteur officieux ne doit pas avoir d'enfants au moment de la confection du testament ; mais l'art. 366 ne permet pas le doute. L'adoption testamentaire sera valable pourvu que le tuteur officieux *ne laisse pas d'enfants légitimes*. De plus il ne s'agit pas ici d'une question de capacité, mais d'une question de disponibilité des biens ; c'est donc le décès du testateur que nous devons considérer.

Le tuteur officieux n'a pas besoin du consentement de son conjoint pour adopter par testament, car cette adoption ne doit produire ses effets qu'à la mort de l'adoptant, c'est-à-dire à une époque où son mariage sera dissout.

FORME. — La loi qualifie cette adoption d'adoption testamentaire, elle ne dit rien de plus quant à la forme, il en résulte donc que le testament peut être authentique ou olographe ; il en résulte aussi qu'elle n'est pas soumise à l'homologation des tribunaux et à l'inscription sur les registres de l'état civil.

L'adoption testamentaire régulièrement faite n'est pas encore complète. La volonté du tuteur officieux n'a pu imposer à son pupille la qualité de fils ; il faudra donc le consentement du pupille ou de ses représentants.

Mais l'effet de cette acceptation sera-t-il définitif et le pupille se trouvera-t-il irrévocablement lié par une décision prise pendant sa minorité? Les auteurs ne le pensent pas et décident que la qualité de fils de telle personne étant une chose trop grave pour être attribuée ou enlevée à un enfant alors qu'il n'est pas en état d'en apprécier les conséquences, le mineur pourra à sa majorité revenir sur ce qui aura été fait ; en sorte que les représentants du mineur ne pourront jamais accepter ni répudier d'une manière irrévocable.

CHAPITRE QUATRIÈME.

Mode de recours contre les arrêts qui ont admis l'adoption.

L'adoption légalement faite est irrévocable. Si les conditions de forme et de fond exigées par la loi n'ont pas été remplies existe-t-il un mode de recours contre une telle adoption ?

Il est évident que si le Tribunal ou la Cour s'aperçoivent

du vice de l'adoption, l'homologation sera refusée; mais si toutefois l'omission d'une condition exigée par la loi avait échappé à l'une et à l'autre juridiction, n'y aurait-il pas lieu à intenter une action?

Des auteurs et notamment le Procureur général Dupin dans des conclusions qu'il développa devant la Cour de Cassation (affaire Boirot) prétendent qu'aucun recours n'existe. Ils raisonnent ainsi : En matière d'adoption l'autorité judiciaire jouit d'une juridiction toute spéciale, elle exerce comme une délégation du pouvoir législatif; le magistrat ne se prononce pas sur un différend, il ne juge pas, il décrète, et ses résolutions participent des avantages de la loi, elles sont irréformables.

Le législateur aurait commis une faute grave s'il admettait des modes de recours contre l'adoption, car il n'a nulle part indiqué quelles sont les causes de nullité, par qui, comment, pendant combien de temps elles peuvent être exercées. Il n'en est pas ainsi dans la matière de mariage, la loi a indiqué les causes de nullité, elle a dit quelles personnes pouvaient en user et pendant combien de temps. On le voit donc le silence du législateur relativement à l'adoption prouve qu'il n'a pas entendu établir de nullités.

D'ailleurs toutes les formalités qui précèdent l'adoption, l'homologation par le Tribunal et par la Cour sont des garanties qui protègent suffisamment les parties intéressées.

Malgré ces raisons la majeure partie des auteurs et de la jurisprudence décide qu'un recours existe contre les adoptions. Le système adverse sacrifie complètement l'intérêt des familles. L'adoption enlève aux parents des droits considérables, il faut donc que cette adoption soit régulière. On objecte que la loi a pourvu aux droits des personnes intéressées par toute la procédure préparatoire.

Cela est vrai dans une certaine mesure, mais la garantie de la loi n'est pas très-grande, puisque toute cette procédure est secrète et qu'il n'est pas permis aux intéressés de faire des oppositions comme pour le mariage. Si aucun mode de recours n'était admis, comme le fait remarquer Toullier (t. 2, n° 1019) les dispositions du Code deviendraient illusoires.

Quant au caractère législatif dont seraient investis les juges en notre matière, je trouve que c'est aller fort loin que d'assimiler le pouvoir gracieux des juges au pouvoir législatif, et surtout de lui en attribuer les effets; rien dans la loi, rien dans les travaux préparatoires ne vient à l'appui de cette opinion (1).

Quelle sera l'autorité compétente pour statuer sur le recours ? Toullier (loc. cit.) prétend qu'il faudra se pourvoir en cassation. Mais cette opinion ne saurait être partagée; les arrêts qui admettent l'adoption n'étant pas motivés échappent par ce fait à la censure de la Cour suprême.

Je crois qu'il faudra s'adresser aux Tribunaux d'arrondissement. On dit qu'il sera singulier de voir l'arrêt d'une Cour soumis à la censure d'un Tribunal, mais cette objection est sans fondement, puisque la Cour n'a pas statué au contentieux, elle n'a fait qu'acte de juridiction gracieuse. Au reste le jugement d'homologation s'identifie avec le contrat, c'est ce contrat lui-même qui doit être attaqué comme nul, comme revêtu d'une sanction obtenue subrepticement. Il faut donc agir par action principale en nullité contre le contrat d'adoption et porter la demande devant le Tribunal. Cette demande suit alors la marche ordinaire des procédures, le jugement est susceptible d'appel, l'arrêt est susceptible de recours en cassation.

(1) Cass., 28 avril 1851. Sirey, 41. I. 273. Concl. contr. du Proc. gén. Dupin.

L'arrêt qui statue sur une nullité d'adoption est un arrêt qui tranche une question d'état ; il devra aux termes du décret du 30 Mars 1808 être jugé en audience solennelle (¹) à moins que la demande en nullité ne se présente incidemment (²). Nous avons vu au contraire que les arrêts d'adoption doivent être rendus en audience ordinaire.

Demandons-nous dans quels cas il y aura nullité? Il faut à mon sens distinguer les conditions de fond et les conditions de forme.

Lorsque les conditions de fond n'auront pas été remplies il y aura nullité ; il faudrait toutefois faire une exception pour la condition qui exige la bonne réputation de l'adoptant ; on admet généralement que l'appréciation de la Cour sur ce point est souveraine. Quant aux conditions de forme, leur inaccomplissement n'entraîne pas en principe la nullité de l'adoption ; il faut pour qu'il y ait nullité que la formalité omise soit essentielle, tels sont le contrat passé devant le juge de paix, l'homologation du Tribunal et de la Cour, l'inscription sur les registres, et le délai dans lequel cette inscription doit être faite. Quant aux délais prescrits par les art. 354 et 357, pour soumettre le contrat soit au Tribunal soit à la Cour, je ne les considère pas comme essentiels et partant ils ne doivent pas entraîner la nullité.

Reste à savoir par qui peut être intentée l'action en nullité. D'abord à l'égard des parties, il est certain qu'elles ont le droit de faire annuler un contrat dans lequel leur volonté aurait été surprise, qu'elles n'auraient pas fait librement ou bien qui n'offrirait qu'un simulacre d'adoption.

Relativement aux héritiers, la question ne me paraît

---

(1) Cass., 19 mars 1856.
(2) Cass., 1864.

pas douteuse ; elle résulte pour moi de la discussion (¹), elle résulte de l'intérêt immense que peuvent avoir les héritiers à attaquer l'adoption. Mais pour exercer l'action en nullité, il faut avoir un intérêt né et actuel. Ainsi le collatéral qui aurait le droit d'attaquer l'adoption après le décès de l'adoptant (²) ne pourrait exercer son action du vivant de l'adoptant sous prétexte que l'adopté n'a pas reçu pendant 6 années les soins et secours dont parle l'art. 345. C'est ce qui a été jugé par la Cour de Grenoble dans une affaire où le seul intérêt actuel invoqué à l'appui de l'action en nullité était d'empêcher l'adopté de porter le nom de l'adoptant (³)

APPENDICE.

Tutelle Officieuse.

La tutelle officieuse est un contrat de bienfaisance par lequel on s'oblige de nourrir et élever gratuitement un mineur, de le mettre en état de gagner sa vie et d'administrer aussi gratuitement sa personne et ses biens (⁴).

La tutelle officieuse n'existait ni dans les lois Romaines, ni chez les peuples qui ont admis l'adoption ; c'est une invention de nos législateurs. Les motifs qui ont fait admettre ce contrat se trouvent parfaitement indiqués dans les discours des orateurs au Corps-Législatif et au Tribunat. L'adoption n'ayant été admise qu'à l'égard des majeurs, les rédacteurs ont voulu rémédier à ce que ce principe avait d'excessif.

---

(1) Locré, t. 6, p. 569.
(2) Aff. Houël (Dalloz, Répert. v° Adoption, n° 99, note 4).
(3) Grenoble, 22 Mars 1843, Sir. 43. 2. 505.
(4) Toullier, t. 2, n° 1020.

La tutelle officieuse a une faible importance, elle est si peu usitée en pratique que Toullier disait en écrivant son ouvrage sur le droit Civil t. 2 n° 1038 : Comme on n'aime pas à se lier d'avance et sans nécessité par un titre irrévocable qui peut exposer à des regrets, il y a apparence que la tutelle officieuse sera fort rare ; on n'en connaît encore aucun exemple. Toullier avait raison, le très petit nombre d'arrêts que l'on trouve sur la matière prouve que la tutelle officieuse est excessivement rare dans la pratique.

Indiquons en quelques mots 1° les Conditions, 2° les Formes, 3° les effets de la tutelle officieuse.

1° *Conditions*. — La tutelle officieuse étant un contrat, le consentement des parties est la première des conditions requises. Le tuteur officieux donnera lui-même son consentement, le consentement du mineur sera donné par ses représentants.

Mais quels seront ses représentants? L'art. 361 répond : Il faut obtenir le consentement des père et mère de l'enfant; ou du survivant d'entre eux, ou, à leur défaut d'un conseil de famille, ou enfin, si l'enfant n'a point de parents connus, des administrateurs de l'hospice où il aura été recueilli ou de la municipalité du lieu de sa résidence. Par municipalité, M. Demolombe croit qu'il faut entendre le maire; dans le doute, il donne toutefois le conseil de s'adresser et au maire et au conseil municipal.

Une autre condition est exigée du pupille, il faut qu'il ait moins de 15 ans (364 1°), sans cela, disait le tribun Gary [1] la tutelle officieuse qui a essentiellement l'enfance pour objet, perdrait le caractère qui lui convient.

Le tuteur officieux doit être âgé de plus de 50 ans, n'avoir ni enfants ni descendants légitimes, obtenir le consentement de son conjoint s'il est marié (361 et 362). Duranton ajoute qu'il doit être capable d'exercer la tutelle

---

[1] Fenet, t. 10, p. 476.

ordinaire, mais cela ne doit être entendu qu'avec les modifications réclamées par la tutelle officieuse qui peut être exercée par les femmes, puisque l'adoption leur est permise ; cette faculté pour la femme résulte d'ailleurs de la généralité des termes de l'art. 362.

2° *Formes.* — « Le juge de paix du domicile de l'enfant dressera procès-verbal des demandes et consentements relatifs à la tutelle officieuse. 363. » L'acte consiste dans le procès verbal que dresse le juge de paix des demandes et consentements relatifs à la tutelle officieuse, le procès-verbal doit être souscrit par le tuteur officieux, s'il sait signer ou mention doit être faite qu'il ne sait pas signer [1].

3° *Effets.* — La tutelle officieuse est une condition nécessaire pour arriver à l'adoption testamentaire ; elle facilite même l'adoption ordinaire, car depuis les 15 ans jusqu'à la majorité du pupille le tuteur officieux lui aura prodigué des soins non interrompus.

La tutelle officieuse impose en principe les mêmes obligations et confère les mêmes pouvoirs que la tutelle ordinaire. C'est ainsi que le tuteur officieux aura la garde et la direction du pupille lors même que ce dernier aurait ses père et mère ; les art. 361, 364 et 365 qui disent que le tuteur est chargé d'*élever* le pupille et qu'il a l'*administration de sa personne* ne distinguent pas ; d'ailleurs les père et mère en consentant à la tutelle officieuse ont consenti à ses effets. Les père et mère conservent cependant la puissance paternelle dans ce qu'elle a de compatible avec les droits du tuteur officieux ; ils donneront leur consentement au mariage, et suivant presque tous les auteurs ils auront le droit de correction.

L'administration des biens du pupille passera au tuteur ; cette règle ne doit être entendue que des biens dont le père ou la mère n'auraient pas l'usufruit légal ; on ne saurait

---

[1] Toullier, t. 2, n° 1028.

en effet considérer comme une cause de déchéance de l'usufruit légal le consentement donné par le père ou la mère, il faudrait à cet égard un texte formel.

Les auteurs admettent cette distinction et reconnaissent que l'art. 365 s'exprime mal (1). Pris à la lettre cet article n'admettrait l'administration des biens par le tuteur officieux que lorsque le pupille serait déjà en tutelle; d'où il résulterait que si le pupille avait ses père et mère l'administration de ses biens ne passerait pas au tuteur officieux puisque le pupille n'est pas en tutelle, et que si le pupille avait perdu un de ses auteurs, ses biens alors même que le survivant en aurait la jouissance légale seraient administrés par le tuteur officieux, car le pupille est en tutelle. Il faut donc, je crois, rectifier cet article et dire avec Marcadé que le tuteur prendra l'administration des biens quand la *jouissance de ces biens n'appartient pas au père ou à la mère de l'enfant.*

Remarquons que le tuteur n'imputera pas les frais d'éducation sur les revenus du pupille (art. 365 in fine); cela est naturel puisque d'après l'article 364 la tutelle officieuse emporte de plein droit l'obligation de nourrir et d'élever le pupille.

Tout tuteur étant grevé de l'hypothèque légale (art. 2121) les immeubles du tuteur officieux seront grevés d'une hypothèque au profit du pupille, lors même que le pupille aurait ses père et mère. Telle est la doctrine généralement admise (2). Des auteurs admettent même qu'en pareil cas il y aura un subrogé-tuteur; mais d'autres auteurs considérables ne pensent pas ainsi, et pour rejeter une pareille doctrine lorsque le père et la mère existent, ils se fondent sur le silence de la loi, et sur cette considération que le contrôle du père et de la mère sera tout aussi efficace que le contrôle d'un subrogé tuteur.

(1) Marcadé, sur l'art. 365, III. Demolombe, n° 335.
(2) *Contrà*; Pont. Privil. et Hyp. art. 2121, n° 495.

« La tutelle emporte avec soi, sans préjudice de toutes stipulations particulières, l'obligation de nourrir le pupille, de l'élever, de le mettre en état de gagner sa vie art. 364. » C'est là l'effet principal de cette tutelle; mais il faut constater que l'obligation du tuteur ne portant que sur les dépenses relatives à la personne du pupille, il pourra se faire tenir compte des frais d'administration.

La loi parle de stipulations qui pourraient modifier l'obligation du tuteur; qu'est-ce à dire ? L'obligation du tuteur est de mettre le pupille en état de gagner sa vie; le tuteur ne doit donc pas à son pupille une éducation libérale, il suffit qu'il lui apprenne un art mécanique; mais une pareille profession ne saurait convenir à un jeune homme ayant de la fortune, appartenant à une famille riche ou aisée, c'est alors qu'apparait l'utilité des stipulations qui viendront préciser les obligations du tuteur officieux.

La tutelle officieuse finit en général par les mêmes causes que la tutelle ordinaire et notamment par la mort du tuteur et la majorité du pupille.

Quand la tutelle finit par la mort du tuteur il faut distinguer si le pupille a été ou n'a pas été adopté testamentairement. Dans le 1er cas il faut se reporter à ce que nous avons dit sur l'adoption testamentaire. Dans le 2me cas lorsque le tuteur officieux meurt avant la majorité du pupille sans l'avoir adopté par testament, l'obligation résultant de l'art. 364 passe à ses héritiers et successeurs universels art. 367. Le mode d'exécution de cette obligation peut être déterminé par les conventions particulières des parties. Ces conventions qui ne sont, à mon sens, qu'un règlement amiable me paraissent constituer un acte d'administration que le législateur a considéré comme pouvant être fait par le représentant du mineur.

Plaçons-nous dans l'hypothèse où le tuteur a survécu à la majorité du pupille. Voici sur ce point la disposition de la loi, art. 369 : « Si dans les trois mois qui suivront la majorité du pupille, les réquisitions par lui faites à son tuteur officieux, à fin d'adoption, sont restées sans effet, et que le pupille ne se trouve point en état de gagner sa vie, le tuteur officieux pourra être condamné à indemniser le pupille de l'incapacité où celui-ci pourrait se trouver de pourvoir à sa subsistance. — Cette indemnité se résoudra en secours propres à lui procurer un métier; le tout sans préjudice des stipulations qui auraient pu avoir lieu dans la prévoyance de ce cas. » Cet article, il faut le reconnaître, ne brille pas par sa lucidité, et il donne lieu à deux questions que je vais examiner brièvement.

Le pupille doit-il, sous peine de déchéance, adresser dans les trois mois de sa majorité les réquisitions à fin d'adoption? Si je ne considérais que la raison, peut-être même les termes de l'art. 369, j'admettrais la négative, je croirais volontiers avec Marcadé que le délai n'est pas fatal; la loi a voulu dire que le tuteur ne pourrait être actionné utilement avant l'expiration de ces trois mois; aussi porte-t-elle que le tuteur ne pourra être condamné qu'après les trois mois, mais elle ne dit pas qu'il ne pourra plus l'être, ce délai une fois écoulé; d'ailleurs la loi ne pouvait contraindre le pupille de manquer à toutes les convenances envers son bienfaiteur et l'exposer presque toujours à laisser périr le droit qu'elle établissait en sa faveur. Ces raisons paraissent excellentes, malheureusement les travaux préparatoires ne laissent pas de place pour le doute. « On a pensé, disait Cambacérès au Conseil d'Etat, le 18 frimaire an XI, qu'alors il était dû à cet enfant non un état, mais un métier; et que si les parties ne s'accordaient pas sur ce point, les tribunaux deviendraient les arbitres de l'indemnité. Il faut au surplus que l'action résultant de cette indemnité *se prescrive par un laps de temps fort court*. L'article fut adopté avec ces amendements [1].

L'indemnité est-elle due au pupille dans le cas où il aurait des revenus suffisants pour vivre? Le texte de la loi semble

---

[1] Locré, t. 6, p. 569.

général, et on serait conduit peut-être à se prononcer pour l'affirmative. Mais l'esprit de la loi résiste à une pareille décision. Le tuteur n'a pas pris l'obligation d'adopter le pupille, il a annoncé que telle était son intention, mais il ne s'est nullement engagé à cela. Il a pris un engagement, c'est celui de mettre le pupille en état de gagner sa vie. Ne serait-il pas absurde qu'un pupille jouissant de revenus considérables pût, sous prétexte que son tuteur officieux ne lui a pas fait apprendre de métier, intenter contre lui une action en indemnité ?

L'art. 369 ne dit pas que le tuteur qui refuse d'adopter le pupille *sera* nécessairement condamné à payer une indemnité, mais qu'il *pourra* l'être. Les tribunaux auront à apprécier si ce n'est pas par suite de son inconduite, de sa mauvaise volonté que le pupille ne peut gagner sa vie et si le tuteur n'a pas fait tout ce qu'il devait faire. (Marcadé, Toullier.)

« Si à la majorité du pupille son tuteur officieux veut l'adopter, et que le premier y consente, il sera procédé à l'adoption selon les formes prescrites au chapitre précédent, et les effets en seront en tous points les mêmes. » (Art. 368). Notre article ne parle que des formes de l'adoption ; mais il est évident que les conditions intrinsèques de l'adoption de droit commun devront être observées. Il faudra donc que l'adoptant et l'adopté réunissent les conditions exigées par la loi. Grenier prétend que le consentement du conjoint du tuteur officieux n'est pas nécessaire ; mais c'est une erreur évidente. Il ne faut pas confondre l'adoption avec la tutelle officieuse, celle-ci n'est, comme le disait Berlier, que l'auxiliaire que la voie préparatoire de celle-là, et de ce que le conjoint a donné son consentement à la tutelle officieuse il ne s'ensuit pas qu'il ait consenti à l'adoption.

POSITIONS.

DROIT ROMAIN.

I. La loi 12 et la loi 37 § 1 ne sont pas en contradiction (p. 17).

II. L'esclave ne pouvait être adopté (p. 18).

III. L'adoption du conjoint d'un enfant non émancipé entraine la dissolution du mariage et non la nullité de l'adoption (p. 21 et 22).

IV. La loi 21 de Adopt. a été modifiée par les Commissaires de Justinien (p. 60).

V. Dans la loi 45 Dig. de Adopt. c'est à tort que Cujas et Pothier parlent des dettes de l'adrogé, le mot *onera* se rapporte aux charges du mariage (p. 74).

VI. La *justa causa* n'est pas nécessaire à l'adrogé exhérédé pour avoir droit à la quarte (p. 82 et 83).

VII. L'adrogation des enfants naturels n'était pas permise à Rome avant Anastase (p. 85 et suiv).

VIII. Le Droit Romain ne reconnaissait pas la novation par changement d'objet.

CODE CIVIL.

I. Un étranger ne peut adopter (p 125 et suiv).

II. Le Prêtre catholique peut adopter (p. 128 et suiv.).

III. L'enfant naturel ne peut être adopté par le père ou la mère qui l'a reconnu (p. 130 et suiv).

IV. Les arrêts qui admettent ou rejettent l'adoption doivent être rendus en audience ordinaire (p. 143).

V. L'adoption n'établit aucun lien de parenté entre l'adoptant et les enfants de l'adopté (p. 1re et suiv.).

VI La réserve de l'adopté sur la succession de l'adoptant est la même que celle de l'enfant né en mariage (p. 158 et suiv.).

VII. Les empêchements au mariage résultant de l'adoption ne sont que prohibitifs (p. 151).

VIII. On ne doit pas admettre la théorie d'après laquelle l'adoption une fois homologuée par le Tribunal et par la Cour, et inscrite sur les registres de l'état civil est inattaquable (p. 174 et suiv.).

IX. Sous le régime dotal la dot mobilière de la femme est aliénable.

DROIT COMMERCIAL.

I. La faillite du tiré à l'échéance n'enlève pas au tireur qui a fait provision le droit d'opposer la déchéance au porteur négligent.

II. Les acteurs ne sont pas justiciables des Tribunaux de Commerce.

PROCÉDURE CIVILE.

I. Les Tribunaux Français n'ont pas le droit de réviser le jugement étranger dont on demande l'exécution, et il n'y a point lieu de distinguer suivant que le jugement a été rendu entre étrangers ou contre un Français.

II. La caution *judicatum solvi* ne peut être demandée par un défendeur étranger contre un demandeur également étranger.

DROIT PÉNAL.

I. Lorsqu'un accusé de parricide nie l'existence ou la validité de l'adoption, les juges criminels sont compétents pour statuer sur son exception.

II. L'homicide commis du consentement de la personne homicidée est un meurtre.

DROIT ADMINISTRATIF.

I. Le locataire dont le bail n'a pas date certaine avant le jugement d'expropriation peut réclamer une indemnité.

II. Le conflit ne peut être élevé ni devant les tribunaux de simple police, ni devant les juges de paix et les tribunaux de commerce.

HISTOIRE DU DROIT.

La mainbournie vient du *mundium* Germanique et non de la *manus* Romaine.

DROIT DES GENS.

L'aréonaute qui après être sorti d'une ville assiégée tombe dans les lignes ennemies ne peut être traduit en Conseil de guerre.

Vu : *Le Doyen*,
DUFOUR.

Vu par le Président de la thèse,
Gustave BRESSOLLES.

Vu et permis d'imprimer :
Pour le Recteur empêché :
L'Inspecteur d'Académie délégué,
Vidal LABLACHE.

TABLE DES MATIÈRES.

	Pages.
Introduction	1

DROIT ROMAIN.

PREMIÈRE PARTIE.

Généralités	5
Titre I. Adoption proprement dite	7
Chap. I. Formes	8
Chap. II. Conditions	13
Section 1re. Du père adoptif	13
Section 2e. De l'adopté	17
Section 3e. De celui qui donne en adoption	18
Chap. III. Effets	19
Section 1re. Droits de l'adopté dans la famille adoptive	19
Section 2e. Droits de l'adopté dans la famille naturelle	37
Chap. IV. Droit de Justinien	47
Titre II. Adrogation	53
Chap. I. Formes	53
Chap. II. Conditions	59
Section 1re. Chez l'adrogeant	59
Section 2e. Chez l'adrogé	60

	Pages.
Chap. III. Effets..	63
Section 1re. Quant aux personnes..................	63
Section 2e. Quant aux biens......................	64
Chap. IV. Adrogation des Impubères...................	75
Chap. V. Adrogation des enfants naturels.............	85
Appendice. Adoption par testament....................	93

DROIT FRANÇAIS.

DEUXIÈME PARTIE.

Ancien Droit...................................	95
Droit intermédiaire.............................	106

TROISIÈME PARTIE.

De l'adoption d'après le Code civil.

Travaux préparatoires...............................	112
Code Napoléon.....................................	117
Chap. I. Adoption ordinaire........................	118
Section 1re. Conditions........................	119
§ I. Chez l'adoptant.....................	119
§ II. Chez l'adopté......................	124
Section 2e. Formes de l'adoption ordinaire........	138
Section 3e. Effets de l'adoption ordinaire.......	148
Chap. II. Adoption Rémunératoire....................	169
Chap. III. Adoption Testamentaire...................	172
Chap. IV. Mode de recours contre les arrêts qui ont admis l'adoption...................................	174
Appendice. — Tutelle Officieuse.....................	178
Positions..	185

PAU, IMPR. E. VIGNANCOUR.

www.ingramcontent.com/pod-product-compliance
Lightning Source LLC
Chambersburg PA
CBHW060515090426
42735CB00011B/2227